Flüchtlingsstandort Deutschland – eine Analyse

Anabel Ternès · Peter Ustinov Stiftung
Karolina Zimmermann
Lisa Herzog · Margaryta Udovychenko

Flüchtlingsstandort Deutschland – eine Analyse

Chancen und Herausforderungen für Gesellschaft und Wirtschaft

Prof. Dr. Anabel Ternès
Berlin, Deutschland

Peter Ustinov Stiftung
Frankfurt am Main, Deutschland

Karolina Zimmermann
Berlin, Deutschland

Lisa Herzog
Berlin, Deutschland

Margaryta Udovychenko
Frankfurt an der Oder, Deutschland

ISBN 978-3-658-14531-6   ISBN 978-3-658-14532-3 (eBook)
DOI 10.1007/978-3-658-14532-3

Die Deutsche Nationalbibliothek verzeichnet diese Publikation in der Deutschen Nationalbibliografie; detaillierte bibliografische Daten sind im Internet über http://dnb.d-nb.de abrufbar.

Springer Gabler
© Springer Fachmedien Wiesbaden GmbH 2017
Das Werk einschließlich aller seiner Teile ist urheberrechtlich geschützt. Jede Verwertung, die nicht ausdrücklich vom Urheberrechtsgesetz zugelassen ist, bedarf der vorherigen Zustimmung des Verlags. Das gilt insbesondere für Vervielfältigungen, Bearbeitungen, Übersetzungen, Mikroverfilmungen und die Einspeicherung und Verarbeitung in elektronischen Systemen.
Die Wiedergabe von Gebrauchsnamen, Handelsnamen, Warenbezeichnungen usw. in diesem Werk berechtigt auch ohne besondere Kennzeichnung nicht zu der Annahme, dass solche Namen im Sinne der Warenzeichen- und Markenschutz-Gesetzgebung als frei zu betrachten wären und daher von jedermann benutzt werden dürften.
Der Verlag, die Autoren und die Herausgeber gehen davon aus, dass die Angaben und Informationen in diesem Werk zum Zeitpunkt der Veröffentlichung vollständig und korrekt sind. Weder der Verlag noch die Autoren oder die Herausgeber übernehmen, ausdrücklich oder implizit, Gewähr für den Inhalt des Werkes, etwaige Fehler oder Äußerungen.

Gedruckt auf säurefreiem und chlorfrei gebleichtem Papier

Springer Gabler ist Teil von Springer Nature
Die eingetragene Gesellschaft ist Springer Fachmedien Wiesbaden GmbH
Die Anschrift der Gesellschaft ist: Abraham-Lincoln-Str. 46, 65189 Wiesbaden, Germany

Vorwort

„Eine Demokratie, die Grundfragen des Volkes nicht zügig anfassen und lösen kann, schafft sich selbst ab und stärkt die Rechtsradikalen."

Dieser Satz, der von Henning Voscherau stammt, spiegelt gut eine der Sichtweisen zur aktuellen Situation in Deutschland wider. Deutschland zeigt sich an vielen Orten international, liberal und gerade Fremdem gegenüber aufgeschlossen. Hier mischen sich Kulturen, die oftmals die eigenen Traditionen und speziellen Lebensweisen beibehalten und zusammenleben unter dem Dach einer Demokratie, die sich seit dem Schrecken des Dritten Reiches fest etabliert hat.

Den typischen Deutschen zu charakterisieren, wird da immer schwieriger. Die Frage ist, ob das notwendig ist.

Demokratie, Liberalität und Integration werden in Deutschland an vielen Stellen als Vielfalt gelebt. Das darf allerdings nicht über viele Probleme in der Integration hinwegtäuschen: Gettobildung, fehlende Sprachkenntnisse, Überforderung von Lehrkräften mit Inklusion, Differenzen durch andere Rituale und Traditionen – nicht selten sind das Gründe, die ein Zusammenleben und eine Integration erschweren.

Der starke Zustrom von Flüchtlingen aus verschiedenen Ländern der Welt nach Deutschland, die verschiedenen Religionen entstammen, trifft auf eine Gesellschaft, die in vielen Bereichen ein Zusammentreffen mit anderen Kulturen im Alltag gewohnt ist und dies auch schätzt, sie trifft aber auch auf Angst vor dem Fremden, auf Überforderung, Hilflosigkeit, Wut, Ärger und auf die Frage, ob die deutsche Gesellschaft das alles schaffen kann.

Das Ziel dieses Buches ist es, zu informieren, mit den Informationen über die Flüchtlingssituation in Deutschland das Fremde weniger fremd zu machen, Zugänge zu schaffen und zum Sprechen darüber anzuregen.

Es kann jedoch keine Lösungen bieten. Die großen Lösungen kann die Politik vorantreiben, die kleinen Lösungen jeder von uns, Schritt für Schritt.

Am Entstehen dieses Buch haben viele mitgewirkt – ein besonderer Dank gilt Joachim App.

Berlin, Deutschland   Dr. Anabel Ternès

Inhaltsverzeichnis

1 Einleitung 1
2 Hintergründe 5
   2.1 Ressentiments und Vorurteilsbelastung
       innerhalb der Gesellschaft 5
   2.2 Ansätze zur Aufklärung 8
   2.3 Forschungsinteresse 9
   2.4 Standort Deutschland 10
   2.5 Historischer Abriss: Flüchtlingssituation
       in Deutschland in der Vergangenheit 12
   Literatur. 15
3 Flüchtlingssituation in Deutschland heute:
   Zahlen, Daten, Fakten. 19
   3.1 Ursachen der Flucht 19
   3.2 Herkunftsländer 21
   3.3 Fluchtrouten 22
   3.4 Warum eigentlich nach Deutschland?. 23
   3.5 Alter und Geschlecht 25
   3.6 Bildung. 28
   3.7 Religion und Ethnie 29
   3.8 Fazit 31
   Literatur. 32
4 Die Generation Y – Haltungen zur Flüchtlingsfrage 35
   4.1 Wer ist die Generation Y?. 35
       4.1.1 Generation Y – Grenzenloser Optimismus? 37

		4.1.2	Keine Angst vor „Überfremdung" – Das „Fremde" als Chance.	40
	4.2	Studie: Die Generation Y und die Flüchtlingsfrage		41
		4.2.1	Methodischer Ansatz	41
		4.2.2	Methodische Grenzen	41
		4.2.3	Ergebnisse und Daten im Überblick	42
		4.2.4	Meinungsbilder.	42
		4.2.5	Flüchtlingsaufkommen	43
		4.2.6	Befürchtungen	45
		4.2.7	Hoffnungen.	47
		4.2.8	Wege der Integration.	49
		4.2.9	Persönlicher Kontakt.	51
	4.3	Schlussfolgerungen.		53
	Literatur.			59
5	**Integration von Geflüchteten in das deutsche Wirtschaftssystem – Probleme, Potenziale, Perspektiven**			**63**
	5.1	Profil und Situation der Geflüchteten im Kontext des deutschen Arbeitsmarktes		64
	5.2	Unternehmerische Verantwortung zur Integration – Projekte und Initiativen		68
		5.2.1	Pro Flüchtling	71
		5.2.2	Yaar – Bildung, Kultur, Begegnung e. V.	72
		5.2.3	Wefugees – Community without borders	74
	5.3	Berufseinstiegsmöglichkeiten für Geflüchtete		75
	5.4	Chancen und Potenziale durch Mitarbeiterschulungen und Diversity-Management		79
	5.5	Integrationsmotor Generation Y		81
	5.6	Schlussfolgerungen.		84
	Literatur.			85
6	**Herausforderungen und Chancen der Flüchtlingsfrage in Deutschland**			**91**
	6.1	Die Aufgabe Deutschlands und der EU		92
	6.2	Die Akzeptanz der deutschen Gesellschaft.		96
	6.3	Kontakt zu den Flüchtlingen.		100
	6.4	Fazit		103
	Literatur.			104

Einleitung

Eine Geschichte von Vor(ur-)teilen

Andreas Schwarzhaupt, Peter Ustinov Stiftung

Politiker polarisieren, Medien wechseln täglich ihre Meinung, Mitmenschen um uns herum berichten von ihren (Ur-)Ängsten (vor dem „Fremden"), und manche Geschichten, wie zum Beispiel „eine Bekannte von mir hat miterlebt, wie eine ALDI-Filiale in Neu-Isenburg (Flensburg, Passau, Lörrach etc.) von Flüchtlingen ohne zu zahlen leergeräumt worden ist", sind inzwischen zur Volksfolklore geworden.

Dies ist eine (zu wichtige) gesellschaftliche Diskussion, bei der es weder Schwarz noch Weiß gibt, sondern ganz viel Grau, dessen Schattierungen nicht durch Meinungen Dritter und Hörensagen, sondern nur durch eindeutig belegte Fakten bestimmt werden sollten.

Doch nun zu Ihnen. Stellen Sie sich Folgendes vor: Sie sind ein erfolgreicher Unternehmer und planen, ein ganz neues Produkt auf den Markt zu bringen. Aufgrund Ihrer Erfahrungswerte kalkulieren Sie, dass Sie von dem Produkt, wenn es gut läuft, innerhalb von zwölf Monaten rund 200.000 Stück absetzen können. Entsprechend haben Sie von Produktion über Logistik bis zum Personaleinsatz durchgeplant.

Dann kommt Ihr Produkt auf den Markt, und plötzlich tritt das positive „Worst-Case"-Szenario ein – fast eine Million Käufer bestellen Ihr neues Produkt.

Ich kann Ihnen versichern, dass in dem Augenblick Ihr kompletter „Apparat" ins Schwimmen geraten wird und sie einige Monate benötigen werden, bis Sie von den Zulieferern über Produktionspersonal bis hin zur Kundenbetreuungsabteilung alles an die neue Situation angepasst haben. Bis dahin sind die Beschwerden der (nicht belieferten) Kunden zahlreich, Ihre Schwierigkeiten ein gefundenes Fressen für die Medien, und Sie können sich der Häme der Konkurrenz gewiss sein.

Gleichzeitig bin ich mir sicher, dass Sie als Unternehmer nicht aufgeben würden, denn eigentlich wissen Sie ja sich und Ihr Produkt auf einem erfolgreichen Weg. Sie würden sich vor Ihr Team und Ihre Kundschaft stellen, selbstbewusst ausrufen: „Wir schaffen das!", und unbeirrt die Fahne hochhalten, bis die Schwierigkeiten überwunden sind.

Anhand dieser Geschichte merken Sie schon, worauf wir hinauswollen. Deutschland ist für viele Zuziehende attraktiv.

Historisch betrachtet, erinnert dieses Szenario manchmal an die „Goldrausch"-Zeiten um 1850, als es Hunderttausende nach Kalifornien gezogen hat (auch viele Deutsche!). Und davon profitiert Kalifornien als sechstgrößte Volkswirtschaft weltweit bis heute.

Die allermeisten, die geflohen sind bzw. unter Lebensgefahr fliehen mussten, wissen, dass sie höchstwahrscheinlich nie mehr zurück in ihr Heimatland können. Daher geht es ihnen darum, sich aber vor allem für ihre Kinder hier nun eine neue Zukunft aufzubauen. Und dafür ist in einem Land wie Deutschland zurzeit die Chance größer als in Griechenland, Italien, Frankreich oder Spanien, die derzeit sehr mit sich selbst beschäftigt sind.

Doch es ist nicht alles Gold, was glänzt. Das „Unternehmen" Deutschland war und ist erst einmal von dem ungeheuren Kundenansturm überfordert. Und wie in einigen Unternehmen auch, gibt es einige „Kundengruppen", die nur auf Ärger aus sind bzw. mit Absicht provozieren und das Durcheinander so lange ausnutzen, bis das Unternehmen sich von ihnen als Kunden verabschiedet.

In Düsseldorf terrorisiert eine Gruppe von ca. 2200 Nordafrikanern die Landeshauptstadt. Es wird davon ausgegangen, dass diese auch für die Vorfälle in der Silvesternacht in Köln verantwortlich ist. Doch sind nun diese 2200 Nordafrikaner repräsentativ für eine Million Flüchtlinge? Oder im Speziellen für die gesamte Gruppe der Nordafrikaner?

Der Fachkräftemangel ist jetzt schon gravierend. Es sind daher vor allem die jungen Menschen, Kinder und Jugendliche, die heute nach Deutschland kommen, die in fünf bis zehn Jahren enorm wichtig für das „Unternehmen Deutschland" sein könnten.

Und die Aussichten, dass die Integration der Geflüchteten in den deutschen Arbeitsmarkt gelingen wird, sind gut. Die Bundesagentur für Arbeit hat gerade bekannt gegeben, dass sich über 220.000 Flüchtlinge zu Deutschkursen angemeldet haben bzw. bereits daran teilnehmen. Doppelt so viel, wie man eigentlich geplant hatte. Davon stammen 73 % aus Syrien, 14 % aus dem Irak, 8 % aus Eritrea sowie fünf Prozent aus dem Iran.

Psychologen wissen, dass oft Unwissenheit der Grund für viele (oftmals unbegründete) Ängste und Sorgen ist. Häufig lösen sich diese in dem Augenblick auf,

1 Einleitung

wenn man die Ursache der zugrunde liegenden Ängste von allen Seiten betrachtet und analysiert, Mythen durch Tatsachen ersetzt werden und auf Grundlage dieser Fakten ein neues, realistisches Bild dessen entsteht, was einen wirklich erwarten oder passieren könnte.

Sir Peter Ustinov setzte sich Zeit seines Lebens für „prejudice awareness" ein, dafür, „sich seiner Vorurteile bewusst zu werden". Er sprach nie vom „Kampf gegen Vorurteile", denn Vorurteile können auch schützen.

Vorurteile dürfen nicht dazu führen, gegen alles „Fremde" zu sein, denn Hunderttausende Syrer nehmen fleißig Deutschunterricht und wollen sich sehr gerne in unsere Gesellschaft integrieren.

Kofi Annan bezeichnete Sir Peter als ersten wahren „Weltbürger". Das war vor 20 Jahren. Heute im Zuge der Globalisierung sind wir jedoch alle „kleine Weltbürger". „Weltbürgertum" steht für Werte wie Respekt (vor anderen Kulturen), Toleranz, offenen Geist, Rücksichtnahme, Empathie oder Hilfsbereitschaft. Diese bilden das zugrunde liegende, humanistische Rüstzeug, dessen wir uns im Umgang mit den aktuellen Herausforderungen bedienen müssen.

Ängste und Vorurteile können am besten durch Wissen und Fakten sowie durch eine eigene persönliche Offenheit, sich auch mal auf etwas Neues, Fremdes, Unbekanntes einzulassen und es auszuprobieren, ausgeräumt werden.

Hintergründe 2

„Flucht und Vertreibung gehören zu den globalen Herausforderungen unserer Zeit" (UNHCR 2016). Diese Erklärung des derzeitigen UN-Flüchtlingskommissars, António Guterres, beschreibt treffend, wie sehr die aktuelle Flüchtlingskrise das Leben in der heutigen Zeit bestimmt. Kaum ein anderes Thema hat eine ähnlich hohe Präsenz in den Medien, öffentlichen Debatten oder auch in privaten Diskussionen und Gesprächen. Das Zitat von Guterres weist auf die humanitäre Katastrophe hin, die der Flüchtlingskrise zugrunde liegt. Die Entwurzelung eines Großteils der syrischen Bevölkerung sowie weiterer Konfliktzonengebiete erfordert in erster Linie humanitäre Hilfeleistungen von Aufnahmeländern. Die Konflikte begrenzen sich keineswegs nur auf die Länder, aus denen die Menschen geflüchtet sind und noch immer flüchten. Waffenlieferungen aus Drittländern unterstützen die Konflikte. Der andauernde Flüchtlingsstrom hat zudem gewichtige Auswirkungen auf eine Vielzahl von Ländern im Nahen und Mittleren Osten, Europa und darüber hinaus. Eine möglichst schnelle und effektive Integration von Flüchtlingen in die Aufnahmegesellschaft liegt nicht alleine in der Verantwortung politischer Aktionäre, sondern auch in der eines jeden Bürgers. Denn die Konsequenzen haben nicht allein die Geflüchteten oder deren Heimatländer zu tragen, sondern die global-politisch und wirtschaftlich verbundene Welt, zu der letztlich jeder von uns zählt.

2.1 Ressentiments und Vorurteilsbelastung innerhalb der Gesellschaft

Wenn Sachverhalte eine solch hohe Brisanz erhalten wie derzeit der Flüchtlingszustrom, ist es nicht ungewöhnlich, dass sich Vorbehalte und eine negative Grundstimmung entwickeln. Dies geschieht vor allem, sobald sich die Bevölkerung direkt betroffen fühlt, d. h. konkret Veränderungen in unmittelbarer geografischer Nähe sicht- und erlebbar werden. Negative Einstellungen oder Vorbehalte sind häufig unzureichender Information oder Vorurteilen und damit einhergehenden Stereotypen geschuldet. Auch in Deutschland zeichnet sich derzeit ein Trend hin zum Rechtspopulismus ab. Dies spiegelt sich u. a. in den aktuellen Wahlergebnissen der eurokritischen Partei Alternative für Deutschland (AfD) bei Landtagswahlen wider (siehe Abb. 2.1; vgl. Statista 2016b). Rechtspopulistische Reaktionen in Krisensituationen stellen jedoch keineswegs ein unbekanntes Phänomen dar. Auch der Soziologe Wilhelm Heitmeyer stellt in seiner Desintegrationstheorie heraus, dass reaktionäre Ausflüchte in rechtsextremistische Ideologien nicht unüblich seien. Unter Rückgriff auf den Soziologen Ullrich Beck beschreibt Heitmeyer die Bundesrepublik Deutschland als Risikogesellschaft (vgl. Ernst 2002). Er stellt heraus, dass hier traditionelle Kollektiva, also zum Beispiel religiöse Gruppen oder andere Zusammenschlüsse in den Hintergrund getreten sind, woraufhin das Individuum verstärkt überfordernden Ohnmachtserfahrungen ausgesetzt werde. Diese Entwicklung wiederum führe zu einer Form von kollektiver

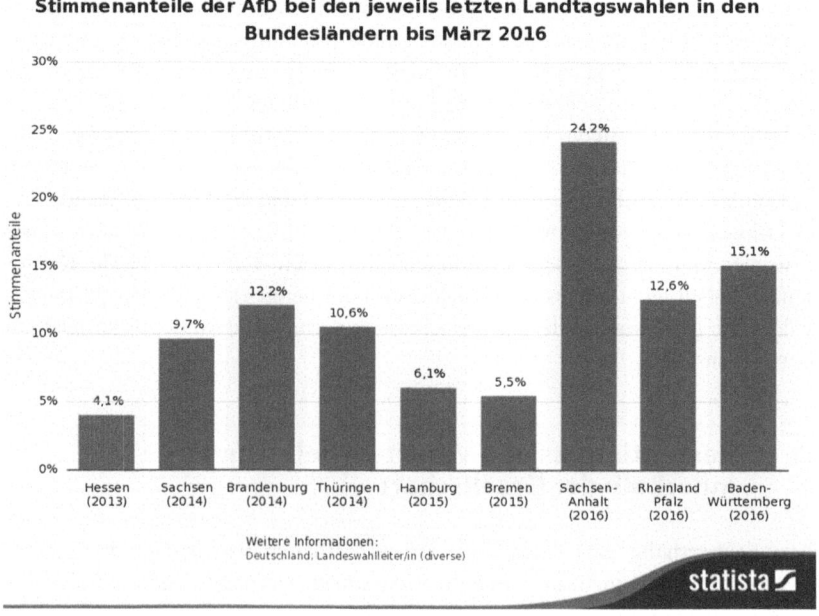

Abb. 2.1 Wahlergebnisse AfD Landtagswahlen. (Quelle: Statista 2016b)

2.1 Ressentiments und Vorurteilsbelastung innerhalb der Gesellschaft

Feindseligkeit. Dieses Phänomen ist seither bekannt unter dem von ihm geprägten Begriff der gruppenbezogenen Menschenfeindlichkeit (vgl. Holtmann 2001, S. 1 ff.) und kann als eine neue Form des Rassismus, aufgrund von Abgrenzungen und Kategorisierungen zwischen „Uns" und „Den Anderen", verstanden werden (Terminologie adaptiert von Verena Stolcke aus dem Englischen („us" – „[the] others"; vgl. Stolcke 1995, S. 2).

Sensible Themen wie die Asyl- und Flüchtlingspolitik gehen nicht selten mit einer Vielzahl von Vorurteilen einher. Flüchtlinge werden im Volksmund häufig mit irregulärer Migration in Verbindung gebracht, also einem Phänomen, das Täuschung impliziert. Irreguläre Migration bedeutet in der Regel eine widerrechtliche Einreise aufgrund von vorgetäuschten Tatsachen – sei es durch gefälschte Dokumente, mithilfe von Schleusern oder Ähnlichem. Daher kursiert erwartungsgemäß eine Vielzahl von Vorurteilen und unbedarfter Annahmen gegenüber Flüchtlingen oder Asylsuchenden. Ein prägnantes Beispiel für vorurteilsbehaftete Annahmen stellt die tatsächliche Anzahl von Flüchtlingen dar. Aufgrund der andauernden Kontingentierungsdebatte und begleitenden Diskursen um eine anteilige Verteilung auf alle EU-Mitgliedsstaaten steht die Anzahl ankommender Flüchtlinge im Mittelpunkt des öffentlichen Interesses. In Deutschland zeichnet sich eine Besonderheit bei der Nennung von Zahlen ab (vgl. Vollmer 2011a, S. 327). Die Zahlen werden besonders emotional in vielen Medien, auch in Social Media, diskutiert. Zunächst muss festgehalten werden, dass irreguläre Migration *per definitionem* nicht dokumentiert ist und sich somit jedweder statistischen Erfassung entzieht:

> Irregular migration is by definition not recorded and eludes statistical coverage. The complexity and ambiguity of the terms 'irregular migration' and 'irregular migrants' further contribute to making precise measurement unfeasible (Vollmer 2011b, S. 2).

An dieser Stelle muss herausgestellt werden, dass alle verfügbaren Daten *Schätzwerte* sind. Zurückzuführen ist dies auf die intrinsischen Schwierigkeiten einer statistischen Datenerhebung. Demnach ist in jedem Falle Skepsis angebracht, sofern Zahlennennungen als faktisch gegeben dargestellt werden. Dennoch sind Schätzungen notwendig, um einen möglichst realitätsnahen Überblick zu gewinnen. Wir möchten den Leser jedoch auf die allgemeine Zahlenproblematik hinweisen und ihn zur kritischen Reflexion animieren. Wann immer eine konkrete Nennung von Zahlen oder absoluten Sachverhalten im Kontext der Flüchtlingsfrage gegeben wird, sollte man kritisch bleiben. Wichtig beispielsweise ist, ob Aussagen zur angewendeten Methodik getroffen werden, denn nur so können vorgestellte Ergebnisse seitens Dritter nachvollzogen werden. Eine gewisse Grundskepsis kann somit auf gewisse Weise Vorurteilen entgegenwirken.

Nicht zuletzt steigern jüngste Terroranschläge in Europa und Deutschland das Unbehagen in der Bevölkerung. Zu den einprägsamsten Terrorakten der jüngsten Zeit zählen die Anschlagsserie in Paris am 13. November 2015, die Selbstmordattentate in Ankara am 19. März 2016 sowie in Brüssel am 22. März 2016. Und während sich bis dato viele Deutsche in Sicherheit gewähnt hatten, dass es so etwas in Deutschland nicht geben kann, führten die folgenden Anschläge und Terrorakte in Deutschland dazu, dass sich auch hier viele Menschen nicht mehr sicher fühlten. Problematisch ist, dass sich zu den meisten der Anschläge – bestätigt oder nicht – islamistische Bewegungen als Anstifter und Durchführende bekennen. Infolgedessen nimmt die Angst vor Fremdem, gerade aus muslimisch geprägten Staaten, in der Bevölkerung zu. Auch die aktuelle Präsenz von Flüchtlingen und deren erkennbarer ethnisch fremder Hintergrund könnten mitunter als Verstärker wirken, sodass sich Angst in Feindseligkeit äußert.

2.2 Ansätze zur Aufklärung

Grundlegend ist festzustellen, dass gefährliches Halbwissen und eingeschränkte, einseitige Sichtweisen die Debatten um die Flüchtlingssituation dominieren. Diverse Internetpräsenzen unterschiedlicher Institutionen oder Privatpersonen, angefangen bei der Bundesregierung über Landesregierungen, die Diakonie oder öffentlich-rechtliche Rundfunkanstalten bis hin zu individuellen Blogs, versuchen, solcherlei Vorurteilen entgegenzuwirken (vgl. u. a. Die Bundesregierung 2016; Hessische Landesregierung 2016; Diakonie Deutschland 2015; Tagesschau 2016; Lenze 2015). Stichhaltige Indizien für eine Notwendigkeit der Aufklärungsarbeit liefern dabei die diversen Frage-und-Antwort-Sektionen in Medien wie *Der Spiegel* oder *Die Tagesschau,* aber auch aufseiten der Bundesregierung und Behörden einzelner Städte. Hier werden gängige Vorurteile und Fragen aufgegriffen und geklärt, wie bspw. über die Höhe finanzieller Zuschüsse, oder gängige Befürchtungen, wie die Sorge um die deutsche Leitkultur, diskutiert. Befürchtungen sind nicht selten irrationaler Natur. Dabei werden zum Teil falsche Annahmen als Tatsachen verstanden, die so zur Vorurteilsbildung beitragen; wobei diese eigentlich ganz leicht aufgelöst werden könnten. Die folgende Frage aus der FAQ-Sektion des Blogs von Enno Lenze illustriert eine solche unbegründete Befürchtung sehr treffend:

> [Frage:] **Ich habe gehört, wir müssen bald mit arabischen Zahlen rechnen!**
> [Antwort:] Ja, tun wir sogar schon. Das ist ein Scherz. ‚Unsere' Zahlen sind die arabischen Zahlen. Im Gegensatz z. B. zu den römischen Ziffern, die aus I V X L C M usw. bestehen (Lenze 2015).

2.3 Forschungsinteresse

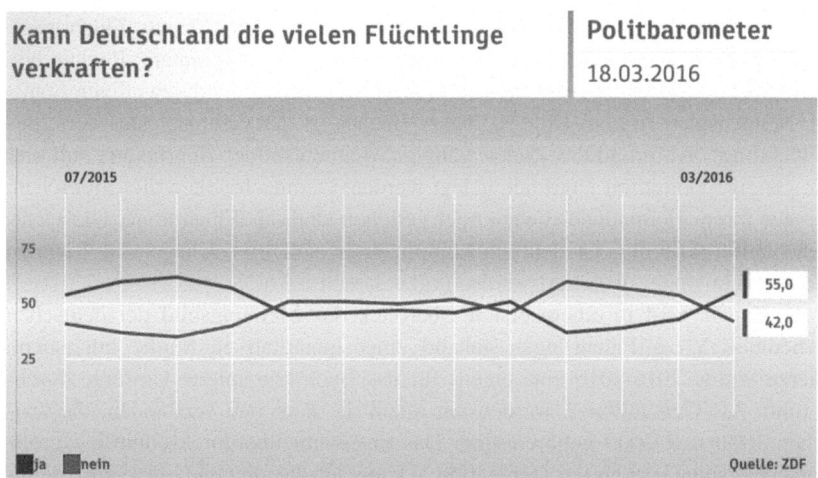

Abb. 2.2 Politbarometer vom 18. März 2016. (Quelle: ZDF 2016a)

Das Aufkommen solcher Aufklärungsversuche ist kennzeichnend für die Unterschiede in der Gesellschaft, was die Einstellung zu Flüchtlingen im Allgemeinen anbelangt. In Deutschland, wie auch auf globaler Ebene, zeigt sich, dass die Gesellschaft hinsichtlich ihrer Normen, Werte und Vorstellungen gegenüber dem Umgang mit Flüchtlingen gespalten ist. Neben hoher Hilfsbereitschaft und sozialem Engagement findet man immer wieder in der medialen Berichterstattung rechtspopulistische Ausschreitungen. Dies wird vor allem durch Brandanschläge gegen Flüchtlingsunterkünfte oder auch einen offen feindseligen Diskurs gegenüber Privatpersonen und Politikern dokumentiert. Diese Unterschiede werden auch in den Erkenntnissen des Politbarometers vom 18. März 2016 deutlich (siehe Abb. 2.2). Demnach vertritt in Deutschland aktuell eine Mehrheit von 55 % eine optimistische Auffassung hinsichtlich der Aufnahmekapazitäten für Geflüchtete. 42 % der Befragten hingegen sehen die Belastungsgrenze als bereits erreicht (vgl. Forschungsgruppe Wahlen e. V. 2016).

2.3 Forschungsinteresse

Gegenüber Flüchtlingen herrscht leider oft erst einmal bewusstes Abstandnehmen oder Ablehnung. Angesichts dessen und des vorherrschenden Unwissens erscheint es notwendig, über gewisse Sachverhalte aufzuklären. Die Komplexität der Thematik beginnt bereits bei der Begrifflichkeit: Unter Migranten im Allgemeinen werden verschiedene Migrationsstatus verstanden – bspw. Flüchtlinge, Asylbewerber, Asylberechtigte, Geduldete, „gängige" Migranten. Rechte wie Bleiberecht oder Arbeitsrecht hängen maßgeblich von ebendem jeweiligen Status ab. Nennenswert in dem Kontext dieses Buches ist der Gebrauch des Terminus „Flüchtling": Aufgrund des Zieles, gängige Meinungsbilder zu erfassen, soll hier die gängige Definition zugrunde gelegt werden. Demnach gelten alle Menschen, die aus ihrem Heimatland fliehen oder geflohen sind, als Flüchtlinge. Die rechtliche Differenzierung ist deutlich komplizierter, soll im vorliegenden Rahmen jedoch nicht weiter diskutiert werden (vgl. Classen 2016).

In Kap. 4 wird in einem ersten Überblick das Meinungsbild der deutschen Generation Y zu Flüchtlingen anhand einer quantitativen Studie untersucht. Hierzu wurde 2015/2016 eine eigens für das Buch konzipierte Umfrage durchgeführt. Als Generation Y werden vor allem die Personen verstanden, die zwischen 1980 und 2000 geboren sind. Das insgesamt überdurchschnittlich große Forschungsinteresse an der Generation Y kann auf die steigende Relevanz dieser Generation für den zukünftigen wie bereits heutigen Arbeitsmarkt zurückgeführt werden. Daher werden die Ergebnisse der Analyse und Interpretation der erhobenen Daten in diesem Kapitel weitgehend vorgestellt. In diesem Zusammenhang werden Kennzeichnungen und Charakteristika der Generation Y näher erklärt und deren Relevanz für das Meinungsbild in Deutschland herausgearbeitet. Kap. 5 ist folglich den Herausforderungen und Chancen für und in der Bundesrepublik Deutschland in Verbindung mit der Flüchtlingsfrage gewidmet. Dies geschieht unter Beachtung von O-Tönen, Zahlen, Meinungen, Strategien und Konzepten, die einer ergänzend durchgeführten qualitativen Umfrage entstammen, die von der gleichen Forschungsgruppe 2015/2016 durchgeführt wurde. Im Gesamtbild muss bei der Erhebung des vorliegenden Stimmungsbildes somit von einem Methodenmix gesprochen werden.

2.4 Standort Deutschland

In Bezug auf die Flüchtlingsfrage nimmt Deutschland einen äußerst hohen Stellenwert sowohl innerhalb Europas als auch innerhalb der ganzen Welt ein. Selten hatten deutsche Politiker einen ähnlich hohen Stellenwert wie derzeit Angela Merkel, wenn es um global relevante Lösungsansätze geht. Im Dezember 2015 wurde eine GfK-Studie (Gesellschaft für Konsumforschung) im Auftrag der Roland Berger Stiftung unter dem Titel „Die Flüchtlingskrise als Chance" veröffentlicht. Dieser zufolge ist Deutschland innerhalb Europas das Land mit der höchsten Aufnahmequote von Flüchtlingen. Zu gegebenem Zeitpunkt seien 40 %

2.4 Standort Deutschland

aller im Jahre 2015 nach Europa Geflüchteten in Deutschland aufgenommen worden. Dabei wäre Deutschland dem Kontingent-Verteilungsplan der Europäischen Kommission nach nur zu 18,6 % verpflichtet gewesen (vgl. Schwenker et al. 2015, S. 3).

Des Weiteren werde der Zustrom von Flüchtlingen zu mehr wirtschaftlichem Wachstum in den Aufnahmeländern führen, so die Ergebnisse einer Studie des Internationalen Währungsfonds (IWF). Die im Januar 2016 veröffentlichte Studie sagt insbesondere den Hauptzielländern ein zusätzliches Wirtschaftswachstum von 0,5 bis 1,1 % voraus. Hierzu zählen neben Deutschland auch Österreich und Schweden (vgl. Internationaler Währungsfonds 2016, S. 4). Hervorzuheben ist, dass sich die Prognosen zunächst auf ökonomische Kurzzeiteffekte beziehen. Positive Langzeitwirkungen, v. a. durch die Anstellung von Geflüchteten bzw. unternehmerisch tätigen Geflüchteten, sind dabei nicht in den Blick genommen worden. Die Schlussfolgerungen des IWF scheinen im Wesentlichen jedoch von der möglichen Integration von Flüchtlingen in den Arbeitsmarkt abhängig zu sein: „The net fiscal impact of migrants is mostly driven by their success in the labor market" (IWF 2016, S. 26). Unter Rückbezug auf internationale Erfahrungswerte mit vorangegangenen Migrationsströmen, vor allem aus der Wirtschaftsmigration, stellt der IWF in seiner Studie ferner heraus, dass eine schnelle und effektive Integration hierfür unerlässlich sei (siehe Abb. 2.3). Geltende gesetzliche Beschränkungen während der Zeit des Asylbewerberverfahrens sind jedoch hinderlich für die Integration und ebenso für einen potenziellen (positiven) Beitrag seitens der Flüchtlinge zum Wirtschaftswachstum. Die Begründung ist so offensichtlich wie deren Umsetzung diffizil, denn besäßen Flüchtlinge von Anbeginn an eine Arbeitserlaubnis, so könnten sie bereits früher steuerliche Beiträge leisten. Letztlich würden dadurch gleichzeitig Sozialhilfeleistungen gesenkt werden können (vgl. IWF 2016, S. 27).

Die Ansicht, dass Wirtschaftspolitik ihren Beitrag zum Integrationsprozess beitragen müsse, teilt ebenfalls Burkhard Schwenker, Autor der zuvor erwähnten GfK-Studie und Vorstandsvorsitzender der Roland Berger Stiftung: „Ohne Wirtschaftswachstum kann diese Integration nicht gelingen. Gute Integrationspolitik ist deshalb auch immer gute Wirtschafts- und Wachstumspolitik" (Roland Berger Stiftung 2015).

Inwieweit sich Haltungen und Einstellungen der Öffentlichkeit mit den Erkenntnissen aus wissenschaftlichen Untersuchungen zu aktuellen Sachverhalten im Hinblick auf die Flüchtlingssituation in Deutschland decken oder ob diese von den wissenschaftlichen Funden abweichen, wird im weiteren Verlauf Thema des Buches sein. Die Haltungen an sich stehen dabei nicht im Mittelpunkt der Kritik; es soll vielmehr ein aktuelles Meinungsbild festgehalten werden, anhand

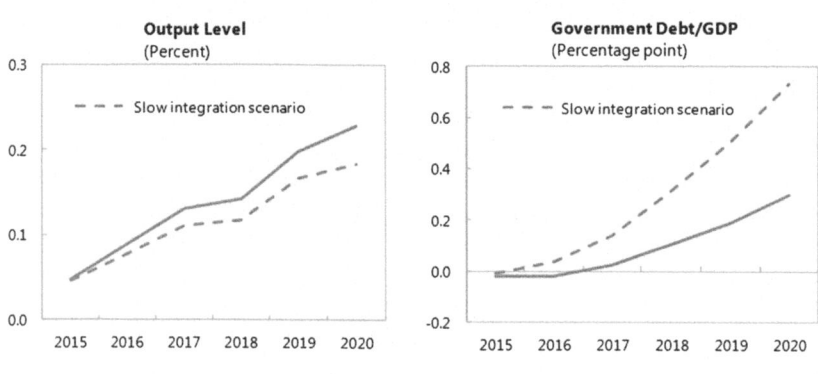
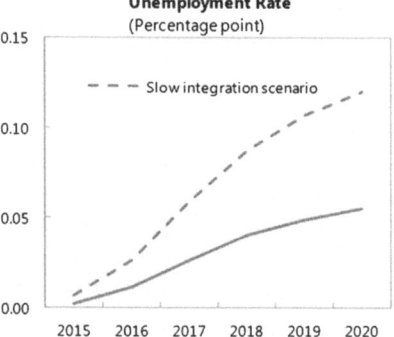

Abb. 2.3 EU-Prognosen – Einfluss des Flüchtlingszustroms abhängig von der Effizienz der Arbeitsmarktintegration. (Quelle: Internationaler Währungsfonds 2015)

dessen Handlungsstrategien zur Auflösung gängiger Vorurteile vorgeschlagen werden. Zudem werden Fakten vorgestellt und Entwicklungen dargelegt, um einen möglichst vorurteilsfreien Zugang zur Flüchtlingsproblematik zu gewähren.

2.5 Historischer Abriss: Flüchtlingssituation in Deutschland in der Vergangenheit

Stichhaltige Informationen über Flüchtlingsströme nach Deutschland werden erst seit dem Jahr 1953 vom Bundesministerium für Migration und Flüchtlinge (BAMF) erfasst. Seitdem reichten mehr als vier Millionen Menschen Asylanträge in Deutschland ein, davon beantragten mehr als drei Millionen Menschen seit

1990 Asyl. Nur 22,6 % aller Asylanträge wurden bis 1989 gestellt, die restlichen erst nach 1990. Die meisten Anträge (438.191) konnten im Jahr 1992 registriert werden. Anschließend sank die Zahl der Asylsuchenden stetig bis zum Jahr 2008 (22.085). Erst danach ist wieder ein signifikanter Anstieg zu beobachten. 2014 beantragten 173.072 Personen Asyl in Deutschland. Als in den ersten elf Monaten des Jahres 2015 392.028 Menschen ihren ersten Asylantrag in Deutschland einreichten, sprach man bereits von den Flüchtlingsströmen, wie wir sie heute verstehen, obwohl damit nur eine Anzahl erreicht ist, die zu Beginn der 1990er Jahre schon einmal zu verzeichnen war (siehe Abb. 2.4).

Doch Deutschland war nicht immer nur Zielland für Flüchtlinge. Auch Deutschland selbst wurde zum Fluchtland bzw. dessen Bevölkerung zu Flüchtlingen. Kriege, Religionsspannungen, politische Verfolgung und vor allem Perspektivlosigkeit haben dazu geführt, dass zwischen 1820 und 1920 etwa sechs Millionen Deutsche ihre Heimat verlassen haben. Sie flohen vor allem in die USA, da die Industrialisierung dort ausreichend Arbeitsplätze geschaffen hatte. Erst die verspätete, durch die Industrialisierung hervorgerufene wirtschaftliche Entwicklung des Deutschen Reiches – verstärkt ab 1890 – führte dazu, dass Deutschland zum Einwanderungsland wurde (vgl. DOMID 2015).

Während der Weimarer Republik ist die Zahl der ausländischen Arbeitsmigranten in Deutschland gesunken. Für die Migrationsgeschichte nach 1918 spielten verschiedene Arten der Zwangswanderung eine bedeutende Rolle: Die Menschen flüchteten, wurden umgesiedelt oder vertrieben. Nach den Friedensverträgen mussten mehrere Millionen Menschen in ganz Europa die Grenzen zwangsläufig überschreiten. Berlin wurde somit vorübergehend zum europäischen Zentrum der Emigranten aus Russland, die vor der dortigen Revolution und dem Bürgerkrieg flohen (vgl. Oltmer 2005a).

Im 20. Jahrhundert haben viele Ereignisse die Vertreibung und Flucht mehrerer Millionen Menschen weltweit verursacht. Infolge der größten Tragödie des 20. Jahrhunderts – des Zweiten Weltkriegs – waren zwischen 1939 und 1950 insgesamt 30 Mio. Menschen, davon 12,5 Mio. Deutsche, auf der Flucht oder wurden aus ihrer Heimat vertrieben (vgl. Oltmer 2005b). Die Teilung Indiens 1947 hat massive Flüchtlingsströme ausgelöst, etwa zehn Millionen Menschen befanden sich dadurch auf der Flucht. In den 90er Jahren des 20. Jahrhunderts hat die Teilung Jugoslawiens mehrere Millionen Menschen in die Flucht getrieben. Der andauernde afghanische Bürgerkrieg führte zu sieben Millionen Flüchtlingen (vgl. Nuscheler 1995).

Im 21. Jahrhundert hat eine Fluchtursache deutlich an Bedeutung gewonnen: die Umweltkatastrophe. 2010 waren 14 Mio. Pakistaner von Überschwemmungen betroffen, Tausende wurden zu Umweltflüchtlingen.

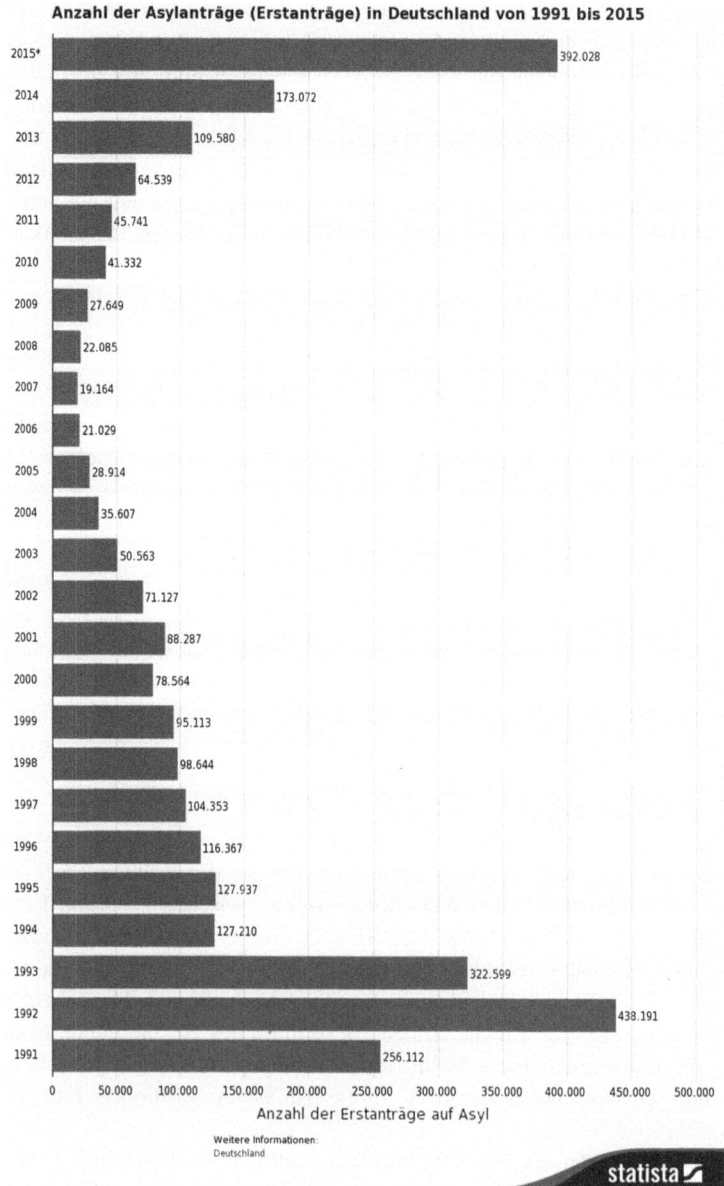

Abb. 2.4 Anzahl der Asylanträge (Erstanträge) in Deutschland von 1991 bis 2016. (Quellen: Statista 2016a)

Die Herkunftsländer der Flüchtlinge, die zwischen 1986 und 1994 nach Deutschland kamen, waren vor allem die Türkei sowie die ehemaligen Staaten des Ostblocks, die sich nach dem Zerfall der Sowjetunion in einer schwierigen Lage befanden: Polen, Ungarn, Rumänien, Bulgarien und die Nachfolgestaaten Jugoslawiens.

Im Jahr 2000 überwogen in Deutschland die Asylantragsstellenden aus dem Irak. Zurückzuführen ist dies auf den Krieg, der zu diesem Zeitpunkt in dem Land herrschte. Insgesamt wurden in diesem Jahr fast 79.000 Asylanträge gestellt.

Die Voraussetzungen für die Aufnahme politisch Verfolgter sowie anderer Schutzsuchender sind im Art. 16a Grundgesetz (GG), im Asylverfahrensgesetz (AsylVfG) sowie im § 60 des Aufenthaltsgesetzes (AufenthG) geregelt. Das Bundesamt für Migration und Flüchtlinge entscheidet über die Asylanträge. Die Aufenthaltsregelung während und nach dem Abschluss des Asylverfahrens fällt in die Zuständigkeit der Ausländerbehörden der Bundesländer (Bundesamt für Migration und Flüchtlinge 2014, S. 10).

Literatur

ARD-aktuell/tagesschau.de. (2016). Sachsen-Anhalt. Umfragen Wähler nach Altersgruppen. Wahl.tagesschau.de. https://wahl.tagesschau.de/wahlen/2016-03-13-LT-DE-ST/umfrage-alter.shtml. Zugegriffen: 20. März 2016.

Bundesamt für Migration und Flüchtlinge. (2014). Ablauf des deutschen Asylverfahrens. https://www.bamf.de/SharedDocs/Anlagen/DE/Publikationen/Broschueren/das-deutsche-asylverfahren.pdf?__blob=publicationFile. Zugegriffen: 15. Aug. 2016.

Classen, G. (2016). Einführung in das Aufenthaltsrecht für Flüchtlinge – Das Aufenthaltsgesetz. Flüchtlingsrat Berlin E. V., März 2012. http://www.fluechtlingsinfo-berlin.de/fr/pdf/Reader_AuslR_0312.pdf. Zugegriffen: 18. März 2016.

Diakonie Deutschland. (2015). FAQ Asyl und Flüchtlinge: Die 10 häufigsten Fragen und Antworten. 5. September 2015. http://www.diakonie.de/faq-asyl-und-fluechtlinge-die-10-haeufigsten-fragen-und.html. Zugegriffen: 20. März 2016.

Die Bundesregierung. (2016). Flucht und Asyl: Fakten und Hintergründe. https://www.bundesregierung.de/Webs/Breg/DE/Themen/Fluechtlings-Asylpolitik/4-FAQ/_node.html. Zugegriffen: 22. März 2016.

DOMID. (2015). Migrationsgeschichte in Deutschland. http://www.domid.org/de/migrationsgeschichte-deutschland. Zugegriffen: 7. Feb. 2016.

Ernst, T. (2002). Soziobiologischer Erklärungsansatz: „Fremdenfeindlichkeit in den Genen"? Forschen mit GrafStat – Statistik und Befragungen in der Politischen Bildung. http://egora.uni-muenster.de/FmG/fremd_s04.shtml. Zugegriffen: 17. Apr. 2016.

Forschungsgruppe Wahlen E. V. (2016). Politbarometer März 2016, 18. März 2016. http://www.forschungsgruppe.de/Umfragen/Politbarometer/Archiv/Politbarometer_2016/Maerz_2016. Zugegriffen: 21. März 2016.

Hessische Landesregierung. (2016). Flüchtlinge in Hessen. Häufig gestellte Fragen. Stand, Februar 2016. https://fluechtlinge.hessen.de/flucht-asyl/wichtig-zu-wissen/haeufig-gestellte-fragen. Zugegriffen: 26. März 2016.

Internationaler Währungsfonds (Hrsg.). (2015). Gründe und Konsequenzen von Einkommensungleichheit: Eine globale Perspektive. http://www.imf.org/external/index.htm. Zugegriffen: 15. Juli 2016.

Internationaler Währungsfonds (Hrsg.). (2016). Die Flüchtlingswelle in Europa: Ökonomische Herausforderungen. http://www.imf.org/external/index.htm. Zugegriffen: 15. Juli 2016.

Lenze, E. (2015). FAQ für Besorgte Bürger. Enno Lenze. Politik Wird in Berlin Gemacht. 12. Oktober 2015. https://ennolenze.de/faq-fuer-besorgte-buerger/2073/. Zugegriffen: 26. März 2016.

Nuscheler, F. (1995). Das „Jahrhundert der Flüchtlinge". In Gesellschaft für interregionalen Kulturaustausch – Berlin (Hrsg.). „Wach auf mein Herz und denke!". http://www.expolis.de/schlesien/texte/nuscheler.html. Zugegriffen: 21. Apr. 2016.

Oltmer, J. (2005a). Deutsche Migrationsgeschichte seit 1871 in Grundlagendossier Migration. bpb. 15. März 2005. http://www.bpb.de/themen/Q0DBOG,0,Deutsche_Migrationsgeschichte_seit_1871.html. Zugegriffen: 7. Feb. 2016.

Oltmer, J. (2005b). Zwangswanderungen nach dem Zweiten Weltkrieg in Grundlagendossier Migration. bpb. 15. März 2005. http://www.bpb.de/gesellschaft/migration/dossier-migration/56359/nach-dem-2-weltkrieg. Zugegriffen: 12. Feb. 2016.

Roland Berger Stiftung. (2015). „Die Flüchtlingskrise Als Chance". Pressemitteilung. RolandBergerStiftung.org. 18. Dezember 2015. http://www.rolandbergerstiftung.org/presse/mitteilungen/details/news/die-fluechtlingskrise-als-chance. Zugegriffen: 21. März 2016.

Schwenker, B., Raffel, T., & Pötke, R. (2015). „Die Flüchtlingskrise Als Chance". Roland Berger Stiftung. 18. Dezember 2015. http://www.rolandbergerstiftung.org/fileadmin/user_upload/rbs/Die%20Stiftung/15_31_RBS-Publikation_Fluechtlingskrise-Chancen-7_10_RZ_WEB.pdf. Zugegriffen: 26. März 2016.

Statista. (2016a). Anzahl der Asylanträge (Erstanträge) in Deutschland von 1991 bis 2016. http://de.statista.com/statistik/daten/studie/154286/umfrage/asylantraege-erstantraege-in-deutschland-seit-1995. Zugegriffen: 22. Aug. 2016.

Statista. (2016b). Stimmenanteile der AfD bei den jeweils letzten Landtagswahlen in den Bundesländern bis März 2016. http://de.statista.com/statistik/daten/studie/320946/umfrage/ergebnisse-der-afd-bei-den-landtagswahlen. Zugegriffen: 26. März 2016.

UNHCR. (2016). UNHCR. The UN refugee agency. http://www.unhcr.de/unhcr.html. Zugegriffen: 19. März 2016.

Vollmer, B. A. (2011a). Policy discourses on irregular migration in the EU – "Number Games" and "Political Games". *European Journal of Migration and Law, 13*(3), 317–339.

Vollmer, B. A. (2011b). *Irregular migration in the UK: Definitions, pathways and scale.* Oxford: Migration Observatory Briefing.

ZDF. (18. März 2016a). Kann Deutschland die vielen Flüchtlinge vertragen? http://politbarometer2.zdf.de/store/Politbarometer/2016_03_18/html/c854-1437676512800-fe33b316.png. Zugegriffen: 6. Apr. 2016.

Weiterführende Literatur

Aiyar, S., Barkbu, B., Batini, N., Berger, H., Detragiache, E., Dizioli, A., Ebeke, C., Lin, H., Kaltani, L., Sosa, S., Spilimbergo, A., & Topalova, P. (2015). The refugee surge in Europe: Economic challenges. https://www.imf.org/external/pubs/ft/sdn/2016/sdn1602.pdf.
Bund, K. (2014). *Glück schlägt Geld: Generation Y: Was wir wirklich wollen*. Hamburg: Murmann.
Holtmann, E. (2001). Sozialwissenschaftliche Erklärungsansätze zum Thema „Gewalt und Fremdenfeindlichkeit". In D. Holtmann (Hrsg.), *Potsdamer Beiträge zur Sozialforschung*, Nr. 12 (S. 1–34). Potsdam: Universität Potsdam.
Hurrelmann, K., & Albrecht, E. (2014). *Die heimlichen Revolutionäre: Wie die Generation Y unsere Welt verändert*. Weinheim: Beltz.
Klein, A. (o. J.). Definition „Generation Y". GenerationY.de. Zeitgemäß arbeiten und leben. http://www.generation-y.de/definition.
Stolcke, V. (1995). Talking culture. New boundaries, new rhetorics of exclusion in Europe. *Current Anthropology, 36*(1), 1–24.
ZDF (2016). Wie die Generation Y weltweit tickt. ZDF RSS. ZDF, dpa. http://www.heute.de/wie-die-generation-y-weltweit-tickt-42311292.html. Zugegriffen: 20. Febr 2016.

Flüchtlingssituation in Deutschland heute: Zahlen, Daten, Fakten

3.1 Ursachen der Flucht

Heute sind weltweit circa 60 Mio. Menschen auf der Flucht. Es ist die höchste Anzahl, die die Weltgemeinschaft seit dem Zweiten Weltkrieg zu verzeichnen hatte. Allein im Jahr 2014 wurden fast 14 Mio. Menschen aus ihrer Heimat vertrieben (vgl. UNHCR 2014; 2015 waren es 12,4 Mio., vgl. UNHCR 2015), und die Zahl derjenigen, die nach Frieden, Sicherheit und neuen Chancen suchen, wächst Tag für Tag.

Diese Menschen fliehen meist nicht allein aus wirtschaftlichen Erwägungen. Ihr Alltag ist oftmals geprägt von Verstößen gegen die maßgebendste Grundlage zur Gewährleistung eines menschenwürdigen Lebens: die Menschenrechte. Der Fluchtgrund selbst ist allerdings meist nicht ausschließlich auf die Verletzungen der Menschenrechte zurückzuführen. Es sind häufig mehrere Ursachen, die Menschen dazu zwingen, das eigene Land, die Familie, ihr gewohntes Leben hinter sich zu lassen und womöglich eine gefährliche Flucht auf sich zu nehmen.

Viele fliehen vor Bürgerkriegen und damit verbunden Terror und Gewalt. In Syrien dauert der Bürgerkrieg bereits fünf Jahre. Innerhalb dieses Zeitraumes sind nach offiziellen Schätzungen bereits 220.000 Menschen getötet worden. Die Unruhen im März 2011 begannen als friedlicher Protest gegen das Regime von Baschar al-Assad im Zuge des Arabischen Frühlings und entwickelten sich zu einer Flüchtlingskatastrophe (vgl. Schönewolf 3. September 2015; Flüchtlingskrise 2016). Fast 11,6 Mio. Syrer sind seitdem auf der Flucht. Davon flüchteten 7,6 Mio., ohne das Heimatland zu verlassen, vier Millionen flüchteten ins Ausland.

Die in Deutschland aufgenommenen syrischen Flüchtlinge nannten als die wichtigsten Ursachen ihrer Flucht unmittelbare Lebensgefahr (fast 70 % der Befragten), ökonomische Gründe, Rekrutierung und Familienzusammenführung (vgl. UNO-Flüchtlingshilfe 2014).

Fluchtgründe sind oftmals auch politische und religiöse Verfolgung. Das Land Eritrea auf dem afrikanischen Kontinent ist seit 25 Jahren eine Diktatur. Der Machtinhaber Isayas Afewerki ist der Vorsitzende der einzigen zugelassenen Partei im Land – „Volksfront für Demokratie und Gerechtigkeit". Das letzte Mal, dass sich das Parlament auf Befehl des Diktators versammelte, liegt weit zurück, im Jahr 2001. Nach Angaben von mehreren Menschenrechtsorganisationen sind die Menschenrechte im Land wiederholt verletzt worden. Nach UN-Angaben zählt das kleine Land Eritrea mit 308.000 Flüchtlingen zu den weltweit zehn Hauptherkunftsländern von Flüchtlingen (vgl. Hanewinkel 2014).

Hungersnöte und Naturkatastrophen gelten ebenfalls als Hauptursachen von Flucht. Allein in Ostafrika sind über elf Millionen Menschen von einer Dürrekatastrophe betroffen. Die somalische Bevölkerung leidet nicht nur unter innenpolitischer Unsicherheit, die Vereinten Nationen erklärten Somalia sogar zu einem Hungergebiet (vgl. Hanewinkel 2014). Eine Hungersnot wird erklärt, wenn mehr als 30 % der Kinder unterernährt sind und die Erwachsenen kaum Zugang zu Nahrungsmitteln haben, sodass sie täglich deutlich weniger als die vom Körper benötigten 2100 Kalorien zu sich nehmen können.

Mehrere Volksgruppen und Minderheiten werden seit Jahren verfolgt. Nach UN-Angaben ist in diesem Zusammenhang derzeit die Rede von etwa 900.000.000 Menschen. Dazu zählen auch die Rohingya, eine rund 800.000 bis 1.300.000 Personen umfassende muslimische Minderheit, die seit dem 8. Jahrhundert im Vielvölkerstaat Myanmar lebt. Dort stellen Buddhisten die Bevölkerungsmehrheit da. Außerdem sind 135 weitere ethnische Gruppen von der Regierung registriert, die Rohingya sind allerdings nicht als solche anerkannt und wurden als illegale Einwanderer aus dem Nachbarland Bangladesch eingestuft. Unter solchen Umständen bleibt die große Mehrheit der Rohingya staatenlos. Menschen- und Hilfsorganisationen sprechen von genozidähnlichen Zuständen. 2012 kam es sogar zu massiven ethnischen Unruhen zwischen Rohingya und Buddhisten (vgl. GFBV 2014).

Andere Menschen fliehen vor Armut und wirtschaftlichem Notstand. Sie sind in ihrer Heimat arbeitslos, es fehlt sogar das Geld zur Befriedigung der Grund- bzw. Existenzbedürfnisse. Dort bereitet man sich auf die Flucht vor, um das Lebensniveau in einem anderen Land erhöhen zu können. Laut Umfragen halten weniger als 25 % der Deutschen die Aufnahme von Wirtschaftsflüchtlingen für richtig. 71 % sehen die Tatsache, dass die Menschen in ihrem Heimatland weder Arbeit finden noch ein geregeltes Auskommen haben, nicht als Fluchtgrund an. Hingegen akzeptieren 94 % der Deutschen Bürgerkrieg als Fluchtgrund. Politik und Religion wurden von 73 % der Befragten als akzeptabler Grund anerkannt. Hungersnöte und Naturkatastrophen sind für 79 % zulässig, und 71 % erkannten die Verfolgung von Minderheiten als wichtigen Fluchtgrund an (vgl. Statista 2016).

3.2 Herkunftsländer

Die Mehrheit der Flüchtlinge, die bereits einen Asylantrag gestellt hat, kommt aus Syrien, einem der Flüchtlingsherkunftsländer, in dem Bürgerkrieg herrscht. Im Berichtsjahr 2015 wurden insgesamt 441.899 Erstanträge vom Bundesamt entgegengenommen. Darunter haben 158.657 Syrer (35,9 % aller Anträge) Asylanträge gestellt, danach folgten die Albaner mit 53.805 Anträgen (12,2 %) (vgl. Bundesamt für Migration und Flüchtlinge 2015, S. 2).

Auf dem dritten Platz befinden sich die Antragsteller aus dem Kosovo mit 37.095 Anträgen (8,4 %). Nicht zu übersehen ist, dass mehr als die Hälfte aller Erstanträge seit Januar 2015 auf die Top-drei-Länder fallen. Der Rest der Anträge stammte von Flüchtlingen aus Afghanistan, Irak, Serbien, Eritrea, Mazedonien, Pakistan und weiteren (siehe Abb. 3.1).

	Die 10 stärksten Herkunftsländer im Jahr 2015* (TOP-TEN)	ASYLANTRÄGE insgesamt	davon Erstanträge	davon Folgeanträge
1	Syrien, Arabische Republik	162.510	158.657	3.853
2	Albanien	54.762	53.805	957
3	Kosovo	37.095	33.427	3.668
4	Afghanistan	31.902	31.382	520
5	Irak	31.379	29.784	1.595
6	Serbien	26.945	16.700	10.245
7	Ungeklärt	12.166	11.721	445
8	Eritrea	10.990	10.876	114
9	Mazedonien	14.131	9.083	5.048
10	Pakistan	8.472	8.199	273
	Summe Top 10	390.352	363.634	26.718
	Herkunftsländer gesamt	476.649	441.899	34.750

Abb. 3.1 Hauptherkunftsländer im Berichtsjahr 2015. (Quelle: Bundesamt für Migration und Flüchtlinge 2015, S. 2)

Wenn man den Monat November 2015 mit der Statistik des ganzen Jahres vergleicht, ist es bemerkenswert, dass sich die Platzierungen der Herkunftsländer geändert haben. So bleiben die Syrer mit 54,3 % aller Erstanträge immer noch auf dem ersten Platz, allerdings folgen danach die Geflüchteten aus Afghanistan (8,8 %) und Irak (7,8 %). Auf diese drei Länder entfielen mehr als zwei Drittel aller Anträge in diesem Monat. Alle Erstanträge aus den Balkanstaaten, die in der ersten Hälfte des Jahres überwogen, gingen zurück, wodurch diese Herkunftsländer in der Liste nach hinten rückten (vgl. Bundesamt für Migration und Flüchtlinge 2015, S. 3). Dies lässt sich folgendermaßen erklären: Die Bundesregierung bezeichnete im Juni 2015 die Balkanstaaten als „sichere Herkunftsländer". Dazu gehören solche, in denen weder politische Verfolgung noch „unmenschliche oder erniedrigende Bestrafung und Behandlung stattfindet" (vgl. Bundesamt für Migration und Flüchtlinge 2016a). In der Regel wird der Asylantrag einer Person aus einem solchen Land abgelehnt, es sei denn, der Antragsteller kann besondere Umstände nachweisen. Derzeit sind folgende Länder als „sichere Herkunftsländer" anerkannt: die Mitgliedstaaten der EU, Albanien, Bosnien und Herzegowina, Ghana, Kosovo, Mazedonien, Montenegro, Senegal und Serbien (Asylgesetz, Anlage II (zu § 29a)). Allerdings bilden Binnenflüchtlinge, also Flüchtlinge innerhalb der eigenen Landesgrenze, den Mammutanteil an Vertriebenen weltweit.

3.3 Fluchtrouten

Die Fluchtroute nach Europa ist von der geografischen Lage des Herkunftslandes abhängig. Nur wenige Flüchtlinge reisen legal mit gültigem Visum via Luftweg ein. Der Großteil kommt illegal über Land- und Wasserwege ins Zielland. Monetäre Mittel spielen bei der Flucht eine große Rolle, da die Flüchtlinge hohe Summen an Schmuggler für deren Unterstützung beim Grenzübergang zahlen. Zusätzliche Kosten entstehen durch weitere Transportwege und andere Dienstleistungen.

Die Flucht verläuft für viele syrische, irakische und iranische Flüchtlinge über die „Südostroute" und beginnt in der Türkei. Von dort geht der Weg über das Mittelmeer zu den griechischen Inseln und anschließend weiter durch den Balkan – Mazedonien, Kosovo, Montenegro, Serbien – in die Europäische Union. Dort angekommen verläuft die Route durch Kroatien und Ungarn. Der weitere Weg nach Deutschland führt durch Österreich. Diese am meisten genutzte Balkanroute wurde vor Kurzem durch einen Grenzzaun zwischen Serbien und Ungarn blockiert. Mögliche Alternativrouten sind über Serbien nach Kroatien oder mit der Eisenbahnstrecke München–Istanbul–München. Andere Varianten wären Serbien–Bosnien–Kroatien, Serbien–Rumänien–Westukraine–Slowakei–Tschechien oder von Nordgriechenland über Albanien und die Adria nach Süditalien. Die Einreise nach Griechenland über den Bosporus wird durch einen Zaun mit einer Länge von zehn Kilometern erschwert. Manche fliehen auch über das Schwarze Meer nach Bulgarien oder Rumänien. Allerdings ist dort ebenfalls die Errichtung eines Zaunes geplant. Flüchtlinge aus weiter entfernten Ländern, zum Beispiel Afghanistan oder Pakistan, legen einen noch längeren Weg zurück, um erst einmal in die Türkei zu gelangen.

Den Weg nach Deutschland erschweren oft die Grenzkontrolle und Polizeieinsätze in Grenzgebieten. Es wurden bereits Grenzkontrollen durchgeführt und mehrere Zäune zwischen EU und Drittländern errichtet:

1. Deutschland – Österreich/Tschechien: Grenzkontrollen auf Autobahnen, Grenzübergängen und Zügen.
2. Österreich – Ungarn: Grenzkontrollen.
3. Ungarn – Serbien: Grenzzaun und Soldateneinsatz.
4. Tschechien – Österreich: Polizeikontrollen an der Grenze.
5. Slowakei – Ungarn/Österreich: Grenzkontrollen.

Via „Mittelmeerroute" oder „Südroute" gelangen Flüchtlinge aus afrikanischen Herkunftsregionen durch Libyen oder Tunesien über das Mittelmeer nach Italien. Die illegalen Reisebewegungen sind sehr gefährlich, besonders der Meerweg birgt ein hohes Risiko. Immer wieder verlieren Menschen ihr Leben, da sich die Boote teilweise nicht in einem für den Transport einwandfreiem Zustand befinden oder schlichtweg „überladen" werden (Fokus 2015).

3.4 Warum eigentlich nach Deutschland?

Häufig wird die Frage gestellt, aus welchen Gründen es die Flüchtlinge nach Deutschland zieht. In den besser situierten Nachbarstaaten von Fluchtländern gibt es für Flüchtlinge oft keine Möglichkeit Asyl zu beantragen, da diese die Aufnahme verweigern. In Europa gibt es bisher keinen eindeutigen Mechanismus oder Verteilungsschlüssel zur Regelung der Flüchtlingsaufnahme. Einige ost- und mitteleuropäische Länder lehnen eine Aufnahme von Geflüchteten sogar komplett ab. Auch das Asylverfahren ist in den einzelnen EU-Ländern verschieden.

Deutschland scheint für viele Flüchtlinge das bevorzugte Ziel zu sein. Experten weisen darauf hin, dass der Aspekt „Zufall" auch eine Rolle spielt.

Die Asylsuchenden wählen ihr Zielland nicht immer selbstständig. Vor allem, wenn die Person keine konkreten Vorstellungen über das Zielland mitbringt und keine Verbindungen nach Europa hat (vgl. Bundesamt für Migration und Flüchtlinge 2013). Darüber hinaus müssen diejenigen, die eine Weiterreise geplant haben, aber während der Durchreise von der Polizei in einem EU-Land aufgegriffen wurden, in diesem Staat bleiben bzw. dort einen Asylantrag stellen. So wurden im Zeitraum von 2008 bis 2012 in den EU- und weiteren Schengenstaaten 2.628.960 Menschen aus Drittländern aufgegriffen, die sich irregulär dort aufhielten. Nach einer Befragung haben sechs Prozent der Asylsuchenden mitgeteilt, dass sie zufällig in Deutschland gelandet sind. Weitere statistische Daten konnten nicht erfasst werden (vgl. Bundesamt für Migration und Flüchtlinge 2013).

Zusätzliche Gründe für die Einreise nach Deutschland liegen in der geografischen Distanz zwischen dem Herkunftsland und dem Zielland, die bei einem Teil der Geflüchteten Sicherheit vor Bedrohungen und Rückführung signalisiert, sowie dessen wirtschaftliche bzw. politische Lage. Deutschland liegt in der Mitte Europas, hat eine hoch entwickelte Infrastruktur und liegt nah zu den Transitmigrationsprozessen. Durch viele Flughäfen, insbesondere Frankfurt am Main, kann Deutschland aus weit entfernten Herkunftsländern mit direkten Flügen, teilweise vergleichsweise günstig, erreicht werden. Selbst die Nähe zur Heimat hat an Bedeutung verloren, da durch die modernen Kommunikationsmittel die Verbindung zur Familie, Freunden und Verwandten aufrecht erhalten werden kann. Daher verwundert es auch nicht, dass viele Flüchtlinge im Besitz eines Smartphones sind, da dies oftmals die einzige Möglichkeit für die Geflüchteten darstellt, mit der Familie in Kontakt zu bleiben.

Außerdem beeinflussen die sozialen Netzwerke, Familienbeziehungen, Gemeinden, aber auch das Online-Marketing der Schlepperbanden sehr stark die Auswahl des Zielstaates. Experten behaupten, die Netzwerke seien sogar das wichtigste Kriterium für die Entscheidung. Nach einer Umfrage haben etwa 30 % der Asylbewerber in Deutschland ihre Entscheidung aufgrund der sozialen Netzwerke getroffen (vgl. IAB 2015).

Entsprechend der meist starken familiären Verbindungen könnte ein weiterer Grund für die Auswahl des Ziellandes sein, ob der Flüchtling dort mindestens eine Person kennt, die helfen könnte. Dazu zählen nicht nur nähere Familienangehörige oder Freunde, sondern auch Gemeindemitglieder oder Flüchtlinge aus demselben Land.

3.5 Alter und Geschlecht

Nach Angaben des BAMF (siehe Abb. 3.2) waren im Jahr 2015 69,2 % der Asylbewerber männlich und 30,8 % weiblich. In der Altersgruppe „bis unter 16 Jahre" waren 55 % Männer und 45 % Frauen. Die größte Anzahl von Männern befindet sich in der Altersgruppe „18 bis unter 25 Jahre": hier sind 80,5 % männlich und 19,5 % weiblich. Der Anteil von Frauen nimmt von Altersgruppe zu Altersgruppe schrittweise zu, bis er in der ältesten Gruppe „65 Jahre und älter" 54 % erreicht. Das ist auch die einzige Altersgruppe, in der der Frauenanteil den der Männer übertrifft.

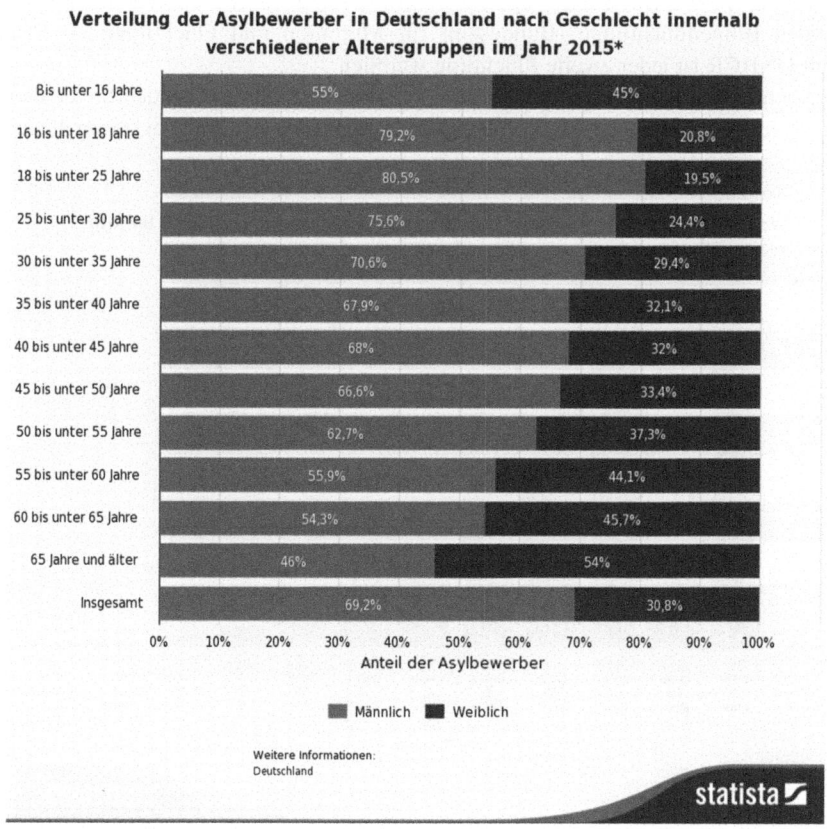

Abb. 3.2 Verteilung der Asylbewerber in Deutschland nach Geschlecht und Altersgruppen im Jahr 2015. (Quelle: Bundesamt für Migration und Flüchtlinge 2016c, S. 18–19)

Bei Betrachtung der Verteilung nach Alter (siehe Abb. 3.3) bleibt die zuletzt erwähnte Gruppe „65 Jahre und älter" die kleinste – nur 0,5 % aller Asylbewerber 2015 waren dort zu verorten. Die größte Zahl der Bewerber (26,3 %) waren Minderjährige bis unter 16 Jahren. Danach folgt die Altersgruppe 18–25 mit fast 25 % aller Asylbewerber. 15,3 % sind zwischen 25 und 30 Jahre alt, zur weiteren Gruppe „30 bis unter 35 Jahre" gehören nur noch elf Prozent aller Asylbewerber. Es fällt auf, dass fast drei Viertel aller Asylbewerber männlich sind und die Hälfte das 35. Lebensjahr nicht überschritten hat. Dadurch drängt sich die Frage auf, warum so wenige Frauen in Deutschland einwandern. Die Flucht nach Deutschland ist nicht einfach. Es sind sehr viel Kraft und Ausdauer nötig, um alle Strapazen zu überleben. Deswegen bleiben viele Frauen in Nachbarstaaten oder werden Binnenflüchtlinge (Bundesamt für Migration und Flüchtlinge 2016b). Laut UNHCR ist jeder zweite Flüchtling weiblich.

Nach Angaben von UNICEF (2015) sind fast die Hälfte aller Flüchtlinge, also ca. 30 Mio., jünger als 18 Jahre alt. In allen Regionen der Welt, in denen Krieg

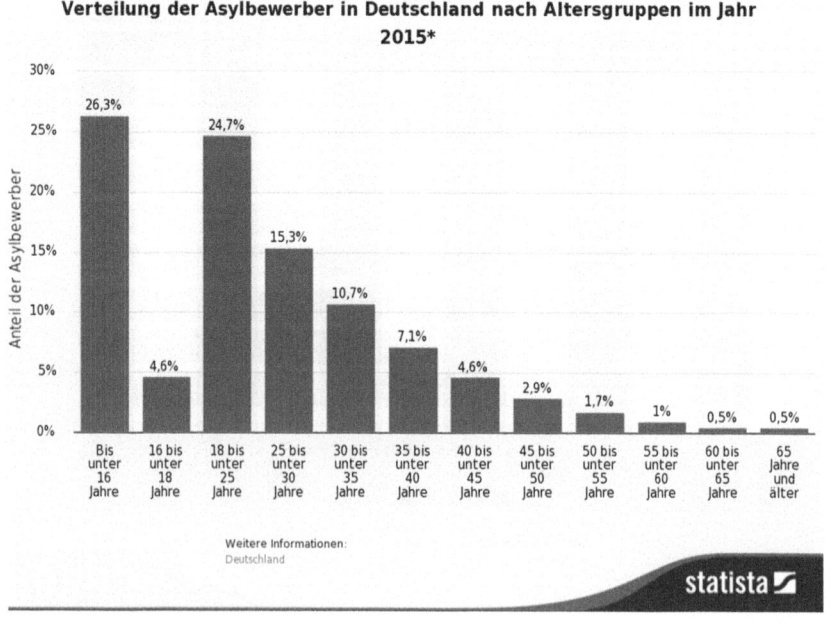

Abb. 3.3 Verteilung der Asylbewerber in Deutschland nach Altersgruppen im Jahr 2015. (Quelle: Bundesamt für Migration und Flüchtlinge 2016c)

und Hunger herrschen, starke Konflikte bestehen und Gewalt stattfindet, sind vor allem Kinder, wie auch Frauen, besonders betroffen. Die Kinder werden in den Kriegsregionen als Kindersoldaten rekrutiert und zum Töten gezwungen. Mit kräftezehrender und rechtswidriger Kinderarbeit verdienen sie sich gelegentlich ein bisschen Geld dazu, um ihr Überleben und das ihrer Familien zu sichern. Teilweise kommt es sogar zu Zwangsehen, Vielehen oder Vergewaltigungen. All die Kriegs- und Fluchterfahrungen traumatisieren die Kinder tief. Angst, Depression, Schlafstörungen und dauerhafte psychosomatische Leiden beeinflussen das Leben und die weitere Entwicklung eines Kindes sehr stark und möglicherweise ein Leben lang. Wo die Erwachsenen den Schwierigkeiten aufgrund ihrer Lebenserfahrung noch trotzen können, sind Kinder besonders schutzbedürftig, um die Herausforderungen des Alltags zu bewältigen. Dafür sorgen viele Organisationen, die Spendenkampagnen für Flüchtlingskinder umsetzen, Notschulen in Flüchtlingslagern errichten, psychosoziale Hilfe leisten und „kinderfreundliche Orte ausrichten, in denen Kinder spielen und ein Stück Normalität mitten im Chaos erfahren können" (UNICEF 2015). Die jüngeren Kinder benötigen die Möglichkeit des Lernens und Spielens, dies vermittelt ihnen das Gefühl der Sicherheit und Struktur, gibt Perspektive und lenkt sie von der allgemeinen Situation ab.

Viele Flüchtlingskinder in Deutschland haben eine anstrengende Route nach und durch Europa hinter sich, die sie alleine, mit ihren Eltern, Verwandten oder Bekannten bewältigt haben. Andere, unbegleitete Kinder hingegen gelangen mithilfe der Ersparnisse ihrer Familie nach Europa, indem diese Schlepper bezahlt haben – allerdings sind viele Familien nicht imstande, die hohen Kosten für eine Flucht nach Europa aufzubringen. In diesem Fall werden die am besten Geeigneten, meist die Intelligentesten oder Kräftigsten der Familie, auf die Flucht geschickt, in der Hoffnung, dass sie die gefährliche Reise schaffen und später ihre Familie nachholen können. Dies sehen sie meist als einzige Chance für ein besseres Leben.

Im Zielland angekommen, erhalten Kinder die nötige Grundversorgung und Unterstützung. Die Behörden versuchen, entsprechend einfühlsam mit den Minderjährigen umzugehen, doch diese haben oft Angst und hegen Misstrauen, da sie in ihren Heimatländern negative Erfahrungen gesammelt haben und dementsprechend nicht vorurteilsfrei sind. Zusätzlich zur behördlichen Unterstützung leisten Hilfsorganisationen psychosoziale Betreuung und bieten notwendige Therapien an, damit der Neuanfang gelingt.

3.6 Bildung

Zurzeit ermittelt das BAMF die Daten über die fachliche Qualifikation der Flüchtlinge auf Grundlage freiwilliger Aussagen. In einem Interview sprach Dr. Manfred Schmidt, Präsident des Bundesamtes für Migration und Flüchtlinge, über die Flüchtlingszuwanderung nach Deutschland im Jahr 2014 mit besonderem Augenmerk auf das Bildungsniveau der Flüchtlinge. Nach seinen Aussagen hängt die fachliche Qualifikation der Flüchtlinge vor allem von der Qualität des Schulsystems im Herkunftsland ab. Dementsprechend hätten die Flüchtlinge aus dem Nahen Osten ein relativ hohes Bildungsniveau nachweisen können. Es fehle aber an statistischen Daten über bereits erlangte Berufserfahrung. Das BAMF geht davon aus, dass ca. zehn Prozent der Geflüchteten über einen Hochschulabschluss verfügen. Man spricht davon, dass 20 % auch eine berufliche Qualifikation hätten, deren Wert sich allerdings nur schwer bestimmen und anerkennen ließe. Zeugnisse und relevante Unterlagen seien oft während der Flucht verloren gegangen. Ein weiteres Problem sei der Vergleich mit dem deutschen Ausbildungssystem, da die Bildungssysteme und Qualifikationen in anderen Staaten anders konstruiert und verschieden auslegbar seien (Vgl. Handwerksblatt 2015).

Im Jahr 2015 hat das BAMF eine statistische Erhebung anhand der freiwilligen Selbstauskünfte der Flüchtlinge über ihren höchsten Schulabschluss durchgeführt: Demnach verfügen 13 % der Befragten über einen Hochschulabschluss. 17,5 % haben ein Gymnasium, 30 % Haupt- und Realschulen (Sekundarschulen), 24 % Grundschulen und acht Prozent gar keine Schulen besucht (vgl. IAB 2015, S. 4).

Obwohl die Daten nicht repräsentativ sind, gelangten die Experten zu der Schlussfolgerung, dass die Berufsqualifikationen der Flüchtlinge durchschnittlich nicht nur geringer sind als die der deutschen Bevölkerung, sondern auch als die anderer Migrantengruppen in Deutschland (vgl. IAB 2015, S. 11). Daher sind viele Neuankömmlinge dazu gezwungen, erneut die Schule zu besuchen oder eine andere Ausbildung zu absolvieren, um sich in den deutschen Arbeitsmarkt integrieren zu können. Das zukünftige Potenzial der Flüchtlinge als Fachkräfte in Deutschland hängt deutlich von umfassenden Investitionen in Bildung und Ausbildung ab. Da der Großteil der Flüchtlinge noch jung und gesund ist, besteht bei angemessener Förderung ein nicht unerhebliches Potenzial für die Wirtschaft. Doch im Augenblick erscheint es noch schwierig, die große Anzahl von Asylbewerbern in den deutschen Arbeitsmarkt zu integrieren (vgl. IAB 2015, S. 10).

3.7 Religion und Ethnie

Die aktuellen Flüchtlingsströme würden das Gesicht Europas deutlich verändern, so viele Experten. Da die Angekommenen andere ethnische und religiöse Hintergründe besitzen, wird dies auch die europäische Kultur beeinflussen.

Nach BAMF-Statistik (siehe Abb. 3.4) waren 2014 63,3 % Muslime unter den Asylantragsstellern. Fast ein Viertel bekannte sich als Christen. 3,7 % waren Yeziden (auch Jesiden oder Eziden genannt). Diese Gruppe stellt eine religiöse Minderheit im Nordirak, in Nordsyrien und im Südosten der Türkei dar. Manche Yeziden bekennen sich als Kurden, die anderen als eigenständige ethno-religiöse Gruppe. Das Yezidentum wird als „älteste Religion des Mittleren Ostens" oder „der Welt" bezeichnet (EZW 2009). Aus anderen Religionen wurden verschiedene Elemente übernommen, die Religion selbst ist monotheistisch und bezieht sich auf keine heilige Schrift.

1,8 % der Asylbewerber waren konfessionslos und 1,3 % gehörten dem Hinduismus an. Was Ethnie betrifft, so waren zum Beispiel unter den Syrern im Jahr 2014 54,9 % Araber, 34,8 % Kurden und 1,1 % Aramäer (siehe Abb. 3.5).

Kurden (ca. 24 bis 27 Mio.) bezeichnen sich oftmals als „größtes Volk ohne Land". Ihre Heimat haben sie in fünf verschiedenen Ländern gefunden

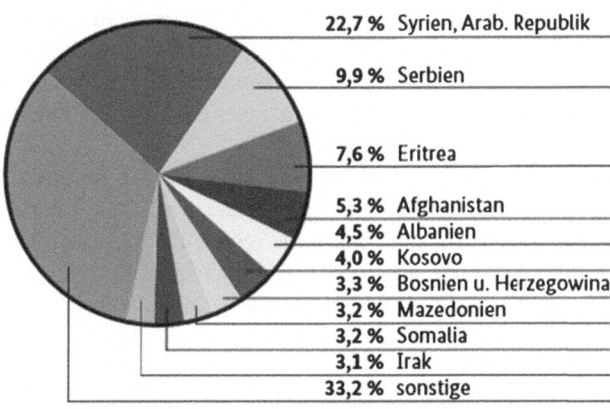

Abb. 3.4 Asylerstanträge im Jahr 2014 nach Religionszugehörigkeit. (Quelle: Bundesamt für Migration und Flüchtlinge 2014)

Syrische Asylbewerber nach Ethnie im Jahr 2014
Gesamtzahl der Asylerstanträge: 39.332

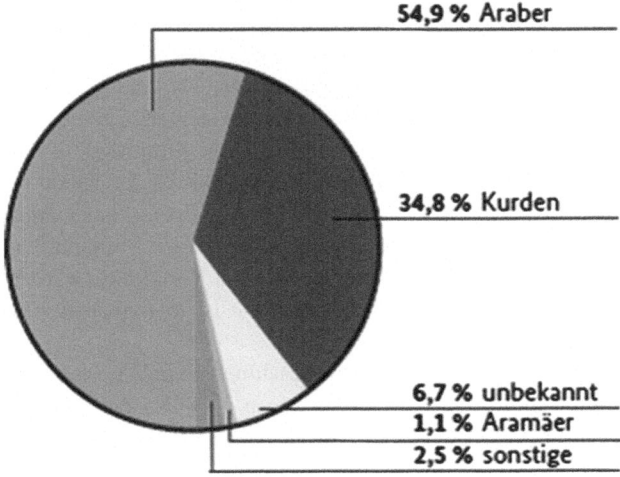

Abb. 3.5 Syrische Asylbewerber nach Ethnie im Jahr 2014. (Quelle: Bundesamt für Migration und Flüchtlinge 2014)

(Türkei ca. 13 Mio., Irak ca. 4 Mio., Iran ca. 5,7 Mio., Syrien ca. eine Million und Armenien ca. 400.000). Unter den Kurden werden drei kurdische Sprachen gesprochen und unterschiedliche Religionen ausgeübt (Sunniten, Jesiden, Aleviten und assyrische Christen) (vgl. Mihatsch 2014). Im Alltag und in der Kirche wird meist eine eigene Sprache gesprochen – Aramäisch. Die Mehrheit der Aramäer sind Christen (syrisch-orthodox, daher syrische Christen).

Es ist eindeutig, dass die muslimische Gemeinschaft Europas wegen der Zuwanderung – vor allem aus Syrien – arabischer wird. Zuvor hatte die Mehrheit der Muslime in Deutschland türkische Wurzeln. Von einer Islamisierung Europas kann allerdings nicht die Rede sein. Nur etwa 20 Mio. (ca. vier Prozent) von 500 Mio. europäischen Bürgern sind Muslime. Auch wenn diese Zahl durch die Flüchtlingsströme nach Europa steigt, wird sie verhältnismäßig gering bleiben (vgl. Vytiska 15. October 2015).

3.8 Fazit

Große Kriege und zahlreiche Konflikte im 21. Jahrhundert haben massive Flüchtlingsströme ausgelöst. Zu den Hauptfluchtursachen gehören politische und religiöse Verfolgung, Gewalt, wirtschaftliche Umstände, Hungersnöte und Naturkatastrophen. Im Zielland streben die Geflüchteten nach dem Schutz des eigenen Lebens oder einer höheren Lebensqualität.

Die Flüchtlinge strömen erst seit dem Jahr 2015 in einer großen Masse nach Deutschland, vor allem aus den Ländern, in denen Krieg herrscht oder Konflikte bestehen. Syrien, Irak, Afghanistan und die Balkanstaaten sind die primären Herkunftsländer. Die Flüchtlinge gehen nicht selten gefährliche und beschwerliche Wege, um in das Zielland zu gelangen. Viele kommen dabei ums Leben, besonders im Mittelmeer. Andere sind völlig erschöpft und erkranken infolge schwieriger Reisebedingungen. Für viele ist Deutschland wegen seiner Infrastruktur, der wirtschaftlichen Lage, des sozialen Sicherungsnetzes und sozialer Kontakte der Flüchtlinge das Hauptreiseziel. Trotzdem geraten einige auch nach dem Zufallsprinzip dorthin. Nach Deutschland kommen mehr Männer als Frauen. Die meisten Flüchtlinge sind Minderjährige (unter 16 Jahre alt). Für sie ist die Flucht besonders gefährlich und herausfordernd.

Die Zugehörigkeit zu den unterschiedlichen Ethnien und Religionen führt zu einer besonderen Vielfalt unter den Flüchtlingen, welche eine Herausforderung für die Integration darstellt. Um die Neuankömmlinge in den Arbeitsmarkt zu integrieren, sind viele Ressourcen notwendig, da sehr viele nur über ein eingeschränktes Ausbildungsniveau verfügen.

Deutschland ist durch die Geflüchteten im Land in eine außergewöhnliche Situation geraten, da die Anzahl der Schutzsuchenden stetig wächst. Solange diese Asylbewerber sind, müssen adäquate Lebensbedingungen gewährt und die deutsche Sprache vermittelt werden. Darüber hinaus müssen die Neulinge in den Arbeitsmarkt und in die Gesellschaft integriert werden, wobei Auflagen und spezielle rechtliche Bedingungen beachtet werden müssen. Dies erfordert finanzielle Ressourcen, zusätzliche Kapazitäten, aktive bürgerliche Partizipation, aber auch den Willen der Flüchtlinge, die neuen Regeln und Anforderungen zu akzeptieren bzw. zu meistern.

Die Situation ist kritisch, da die Lösung ein starkes Engagement und eine aktive Beteiligung aller EU-Mitgliedstaaten und das Einverständnis der Türkei als „Transitland" voraussetzt. Ohne politische Einigung, Kontrolle des Mittelmeergebietes und gerechte Aufnahmeverteilung der Flüchtlinge wird die Integrationsaufgabe der EU zusätzlich erschwert.

Literatur

Bundesamt für Migration und Flüchtlinge. (2013). Warum Deutschland? Forschungsbericht 19. 1. Dezember 2013. http://www.bamf.de/SharedDocs/Anlagen/DE/Publikationen/Forschungsberichte/fb19-warum-deutschland.html?nn=1663542. Zugegriffen: 8. Febr. 2016.

Bundesamt für Migration und Flüchtlinge. (2014). Das Bundesamt in Zahlen 2014. https://www.bamf.de/SharedDocs/Anlagen/DE/Publikationen/Broschueren/bundesamt-in-zahlen-2014.pdf?__blob=publicationFile. Zugegriffen: 7. Febr. 2016.

Bundesamt für Migration und Flüchtlinge. (2015). Asylgeschäftsstatistik für den Monat Dezember 2015. http://www.bamf.de/SharedDocs/Anlagen/DE/Downloads/Infothek/Statistik/Asyl/201512-statistik-anlage-asyl-geschaeftsbericht.pdf;jsessionid=C3F78067F5B2EEFAEF009F5FCBCE7371.1_cid294?__blob=publicationFile. Zugegriffen: 8. Febr. 2016.

Bundesamt für Migration und Flüchtlinge. (2016a). Glossar. Stichwort: Sichere Herkunftsstaaten. http://www.bamf.de/DE/Service/Left/Glossary/_function/glossar.html?lv3=1504416&lv2=5831846. Zugegriffen: 8. Febr. 2016.

Bundesamt für Migration und Flüchtlinge. (2016b). Aktuelle Zahlen zu Asyl: Tabellen, Diagramme, Erläuterungen (Ausgabe: Januar 2016, 11 S.). https://www.bamf.de/SharedDocs/Anlagen/DE/Downloads/Infothek/Statistik/Asyl/statistik-anlage-teil-4-aktuelle-zahlen-zu-asyl.pdf?__blob=publicationFile. Zugegriffen: 07. Febr. 2016.

Bundesamt für Migration und Flüchtlinge. (Hrsg.). (2016c). Das Bundesamt in Zahlen. Asyl. Nürnberg: Bundesamt für Migration und Flüchtlinge.

EZW. (2009). Lexikon. Stichwort: Yeziden/Eziden. http://www.ezw-berlin.de/html/3_171.php. Zugegriffen: 8. Febr. 2016.

Flüchtlingskrise. (2016). Flüchtlinge in Deutschland. Aktuelle Informationen, Zahlen und Fakten (Stand Februar 2016). http://www.fluechtlingskrise.info. Zugegriffen: 8. Febr. 2016.

Fokus. (2015). Alternative Flüchtlingsrouten nach der Grenzschließung. http://www.focus.de/fotos/alternative-fluechtlingsrouten-nach-der-grenzschliessung_id_4949666.html. Zugegriffen: 08. Febr. 2016.

GFBV. (2014). Memorandum: Die Rohingya in Burma: Die am meisten verfolgte Minderheit der Welt. https://www.gfbv.de/fileadmin/redaktion/Reporte_Memoranden/2014/Rohingya-Memorandum.pdf. Zugegriffen: 07. Febr. 2016.

Handwerksblatt. (2015). Flüchtlinge: Sehr motiviert und gewillt. Viele Flüchtlinge bringen eine gute Schulbildung oder einen qualifizierten Berufsabschluss mit nach Deutschland. Doch nicht nur darauf sollten potenzielle Arbeitgeber achten. http://www.handwerksblatt.de/betrieb/16-unternehmensfuehrung/23886-fluechtlinge-sehr-motiviert-und-gewillt.html. Zugegriffen: 8. Febr. 2016.

Hanewinkel, V. (13. November 2014). Flüchtlinge in Europa: Ein Blick auf die Herkunftsländer Eritrea und Somalia. *Migration & Bevölkerung.* http://www.migration-info.de/artikel/2014-11-13/fluechtlinge-europa-blick-herkunftslaender-eritrea-und-somalia. Zugegriffen: 7. Febr. 2016.

IAB. (2015). Aktuelle Berichte. Flüchtlinge und andere Migranten am deutschen Arbeitsmarkt: Der Stand im September 2015. http://doku.iab.de/aktuell/2015/aktueller_bericht_1514.pdf. Zugegriffen: 8. Febr. 2016.

Literatur

Mihatsch, M. A. (2014). Kurdenkonflikt. bpb, by-nc-nd/3.0/de/, 25. Januar 2016. http://www.bpb.de/internationales/weltweit/innerstaatliche-konflikte/54641/kurdenkonflikt. Zugegriffen: 8. Febr. 2016.

Schönewolf, S. (3. September 2015). Warum hunderttausende Flüchtlinge ihr Leben riskieren. *vorwärts*. http://www.vorwaerts.de/artikel/hunderttausende-fluechtlinge-leben-riskieren. Zugegriffen: 7. Febr. 2016.

Statista. (2016). „Akzeptanz der Fluchtgründe". http://de.statista.com/statistik/daten/studie/378984/umfrage/umfrage-zur-akzeptanz-der-fluchtgruende-von-fluechtlingen. Zugegriffen: 7. Febr. 2016.

UNHCR. (2014). Global Trends. Forced Displacement in 2014. file:///C:/Users/pfei06/Downloads/2015-06-GLOBAL-TRENDS-2014.pdf. Zugegriffen: 7. Febr. 2016.

UNHCR. (2015). Global Trends. Forced Displacement in 2015. file:///C:/Users/pfei06/Downloads/global_trends_2015.pdf. Zugegriffen: 15. Aug. 2016.

UNICEF. (2015). Kinder auf der Flucht. https://www.unicef.ch/de/so-helfen-wir/nothilfe/familien-kinder-auf-der-flucht. Zugegriffen: 7. Febr. 2016.

UNO-Flüchtlingshilfe. (2014). Zahlen & Fakten. https://www.uno-fluechtlingshilfe.de/fluechtlinge/zahlen-fakten.html. Zugegriffen: 7. Febr. 2016.

Vytiska, H. (15. Oktober 2015). Flüchtlinge und Religion: Das neue Gesicht Europas. *Euractiv*. http://www.euractiv.de/sections/eu-innenpolitik/fluechtlinge-und-religion-das-neue-gesicht-europas-318520. Zugegriffen: 7. Febr. 2016.

Die Generation Y – Haltungen zur Flüchtlingsfrage

4

In diesem Kapitel wird die Relevanz der Generation Y im Kontext der Flüchtlingsthematik in Deutschland näher beleuchtet und herausgestellt. Dazu wird das Konzept der Generation Y kurz erläutert – was sie ausmacht, wer dazugehört, warum sie so wichtig ist –, gefolgt von der Vorstellung der Ergebnisse der erhobenen Daten, deren Analyse und Interpretation sowie letztlich der Schlussfolgerungen aus den gewonnenen Daten.

4.1 Wer ist die Generation Y?

Allgemein bezeichnet der Begriff „Generation" eine Gruppe von Individuen, die über ihre Geburtsjahrgänge hinaus in ihrer Entwicklung in gleicher Weise von signifikanten Ereignissen sowie gesellschaftlichen Entwicklungen beeinflusst wurden und im Verlauf ihres Soziallebens von den gleichen historischen Ereignissen oder Gegebenheiten vergleichbar geprägt wurden (vgl. Smola und Sutton 2002, S. 364; Kupperschmidt 2000, S. 66). Charakteristisch für Generationen ist, dass gleiche Erfahrungswelten gelten, die einen wesentlichen Einfluss auf die Wertvorstellungen ausüben (vgl. Fieseler 2010, S. 1). Als ausschlaggebend gelten hierbei vor allem Ereignisse, die sich in der Entwicklungsphase der Jugendlichkeit ereignet haben, weswegen die Generation Y auch als *Millennials* bezeichnet wird (vgl. Fieseler 2010, S. 2). Generation Y ist ein weltweit gebrauchter Begriff, der hinsichtlich seiner Abgrenzung und Definition jedoch je nach Land variiert (vgl. Kaye und Jordan-Evans 2008, S. 236). Die Forschung ist sich nicht in Gänze einig darüber, welche Jahrgänge die Generation Y repräsentieren. In diesem Buch wird von der in Deutschland gängigsten Einteilung ausgegangen. Dieser entsprechend werden wie schon erwähnt die Jahrgänge 1980 bis 2000 unter dem

Konzept der Generation Y subsumiert. Allgemeiner ausgedrückt zählen all jene zur Generation Y, die in der Zeit nach der Jahrhundertwende Jugendliche waren. Als generationsspezifische Charakteristika der Millennials gelten unter anderem:

- „[…] Gewohnt, mit permanenten Veränderungen flexibel umzugehen
- Hohe Kompetenz im Umgang mit moderner Technik („Internetgeneration")
- Hohe Kompetenz in der Informationsbeschaffung, […]
- Vorliebe für ein multikulturelles Umfeld […]" (Kring 2013, S. 8)

Auch der Buchstabe „Y" kommt nicht von ungefähr: Der Generation Y wird nachgesagt, dass sie nicht alles einfach hinnimmt und unreflektiert übernimmt, sondern hinterfragt. „Y" im Englischen ausgesprochen als „why" – zu Deutsch „warum" – verweist auf die Neigung zum Hinterfragen und kennzeichnet die Denkweise dieser Generation also treffend. Diese Einstellung kann als Kernmerkmal bezeichnet werden, das sich durch alle Lebensbereiche zieht (vgl. Hurrelmann und Albrecht 2014, S. 8). Überdies wird den Millennials nachgesagt, sie seien überwiegend politikverdrossen (vgl. Telefónica Deutschland Holding AG 2013). Dies kann jedoch nicht ohne Weiteres pauschalisiert werden. Zugegeben, es gibt kein gemeinsames übergeordnetes Ziel wie bei früheren Generationen, in denen man sich zum Zwecke eines Systemumsturzes zusammenschloss. Frühere Generationen kämpften beispielsweise für mehr soziale Gerechtigkeit, Gleichstellung der Geschlechter oder auch sexuelle Freiheit (vgl. Telefónica Deutschland Holding AG 2013, S. 118 ff.), während die Generation Y in diesen Bereichen heute relativ wenig politisches Engagement aufbringt. Dennoch kann angesichts der deutlich erhöhten Optionsvielfalt, mit der die Anhänger der Generation Y insbesondere durch das Medium Internet konfrontiert werden, nicht zwangsläufig von politischem Desinteresse ausgegangen werden, da eine höhere Diversität an Konsum-, Erlebnis- und Teilhabemöglichkeiten zugleich eine höhere Interessensstreuung bedingt (vgl. Telefónica Deutschland Holding AG 2013, S. 118 ff.). Die Generation Y fordert politische Maßnahmen, die ihrem Bedürfnis nach einer optimalen Work-Life-Balance, d. h. der Vereinbarkeit von Berufs- und Privatleben, entgegenkommt. Dies kann in Form von gesetzlichen Arbeitszeitverkürzungen, einer erhöhten Flexibilität der Arbeitgeber bezüglich der Arbeitsstunden oder dem gesetzlichen Zugeständnis ausgedehnter Auszeiten geschehen, um sich vermehrt um die eigene Familie zu kümmern oder den eigenen Horizont im Rahmen eines Sabbat-Jahres zu erweitern. In ihrem Arbeitsleben setzt die Generation Y vor allem auf Moral und Ethik. „Die Ansage der Generation Y ist klar: Wer sich selbst ethisch und fair verhalten möchte, verlangt das ebenso von seinem Chef und seinem Unternehmen" (Hesse 2014). Folglich lässt sich festhalten, dass die Generation Y ethische wie auch familiäre Werte allem voranstellt. Ausgehend von diesem theoretischen Hintergrund erschließt sich unser Forschungsinteresse. Denn der Generation Y wird ebenfalls nachgesagt, egozentrisch zu sein (vgl. Müller 30. Oktober 2015). Inwieweit sich also deren Denken in der Praxis mit diesen Theoremen deckt oder ob sich Paradoxa aufzeigen, soll die nachfolgende Studie aufdecken. Von der präzisierten Fragestellung in Hinblick auf die Flüchtlingskrise im Allgemeinen und geflüchtete Individuen im Speziellen erwarteten wir einschlägige Hinweise zur gesellschaftlichen moralischen Verantwortung der Generation Y.

4.1.1 Generation Y – Grenzenloser Optimismus?

Die Generation Y hat in der Flüchtlingsfrage eine besondere Relevanz. Nicht nur, dass es sich hierbei um die Gruppe der jungen Entscheider handelt, die die nächsten Jahrzehnte des Landes prägen werden. Auch ist diese Zielgruppe interessant aufgrund ihres stark sozialen Engagements auf der einen Seite und ihrer ansonsten eher apolitischen Haltung auf der anderen Seite.

Die Shell-Jugendstudie stellt hier eine gute Grundlage dar. Diese Langzeitberichterstattung über aktuelle Ansichten jeweiliger Jugendgenerationen, die in regelmäßigen Abständen von circa vier Jahren seit 1953 erscheint und die Einstellungen von Jugendlichen im Alter von zwölf bis 25 Jahren untersucht (vgl. Rauschenbach 2009), bildet eine gute Grundlage für die Darstellung der Relevanz und inhaltlichen Ausgestaltung des Verhältnisses von deutscher Flüchtlingspolitik und Generation Y. Den Erkenntnissen der Studie zufolge ist die politische Thematik der Flüchtlingskrise für Anhänger der befragten Altersgruppen in Deutschland ein Sachverhalt von besonderem Stellenwert. Während in den im Jahre 2006 erhobenen Daten noch knapp 60 % der Jugendlichen die Meinung vertraten, die Zuwanderung nach Deutschland müsse reduziert werden, gaben 2015 nur noch 29 % der Befragten an, sich vor Zuwanderung zu fürchten (siehe Abb. 4.1). Zudem stehe eine eindeutige Mehrheit für mehr Diversität und deren Anerkennung ein (siehe Abb. 4.2), und auch die Beurteilung der deutschen (gesamt-) gesellschaftlichen Zukunft fiel bei 61 % der Studienteilnehmer optimistisch aus (Albert et al. 2015).

Auch wenn der Bevölkerungsanteil der Generation Y statistischen Erhebungen zufolge nur rund 24,3 % der deutschen Gesamtbevölkerung beträgt (siehe Abb. 4.3) – von den übrigen 63,6 % haben bereits 23,05 % das Rentenalter erreicht und stehen der Wirtschaft nicht mehr aktiv zur Verfügung (vgl. Statistisches Bundesamt 2014). Der gesellschaftliche Einfluss der Generation Y gilt als künftig ausschlaggebend.

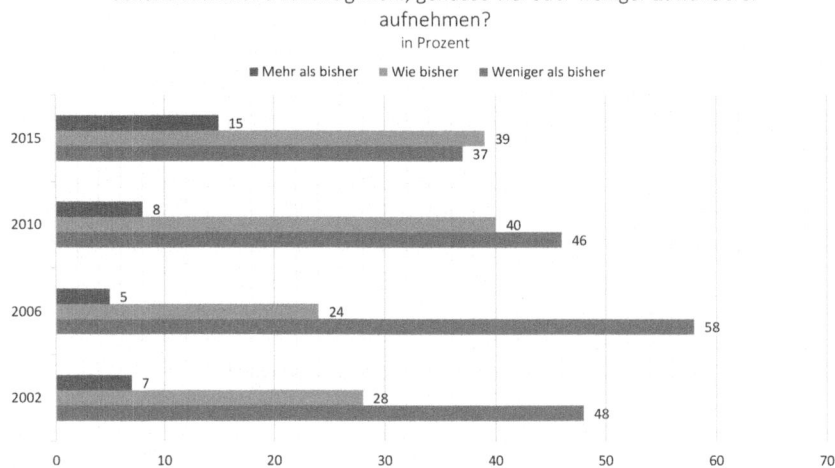

Abb. 4.1 Shell Jugendstudie – Einstellung zur künftigen Aufnahme von Einwanderern. (Quelle: Auf Basis von Albert et al. 2015)

Abb. 4.2 Shell Jugendstudie – Akzeptanz und Respektieren von Vielfalt. (Quelle: Shell Jugendstudie 2015)

4.1 Wer ist die Generation Y?

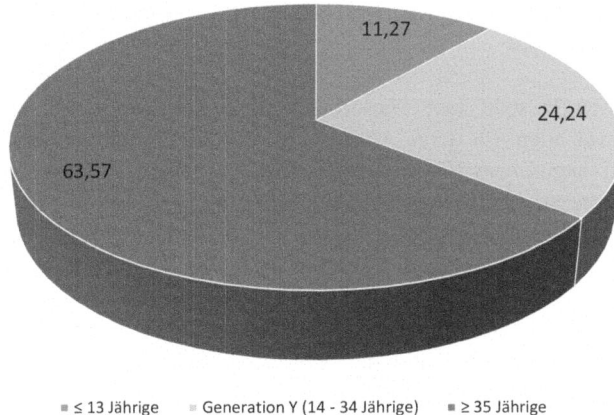

■ ≤ 13 Jährige   ■ Generation Y (14 - 34 Jährige)   ■ ≥ 35 Jährige

Abb. 4.3 Bevölkerungsanteil nach Alter (Stand 31.12.2014). (Quelle: Statistisches Bundesamt 2014)

Des Weiteren lässt sich mit Blick auf weitere Meinungsumfragen eine klare Diskrepanz zwischen dem Meinungsbild älterer Generationen im Vergleich zur Generation Y feststellen. Eine weitere GfK-Studie, diesmal im Auftrag der in Hamburg ansässigen „Stiftung für Zukunftsfragen – Eine Initiative von British American Tobacco", ergab, dass die „German Angst" bei Deutschen wieder präsent ist. Die „German Angst" ist ein Ausdruck, der sich im angelsächsischen Raum schon als Beschreibung für typisch Deutsches etabliert hat. Es wird als negative Grundhaltung, Weltschmerz oder gar das „Leiden an sich selbst" (Deutsche Wirtschafts Nachrichten 2012) umschrieben. Vor allem bei Bundesbürgern über 55 Jahren soll dieses Phänomen besonders ausgeprägt sein: 64 % der Befragten im Alter von 55 Jahren und darüber gaben an, angstvoll in die Zukunft zu blicken (vgl. Stiftung für Zukunftsfragen 2015). Zwar fand keine Befragung zu den Gründen einer solchen Angst statt, doch der wissenschaftliche Leiter der Stiftung, Ulrich Reinhardt, wagt einen Erklärungsversuch. Er vermutet, die „gegenwärtige humanitäre Krise und die zunehmende Angst vor Terroranschlägen" können die zunehmende Angstbesetzung in der Bevölkerung erklären und die vorherrschenden „Zweifel […] an einer positiven Zukunft" hervorrufen (vgl. Stiftung für Zukunftsfragen 2015, S. 2). Berücksichtigt man nun die Ergebnisse der Shell-Jugendstudie, so wird deutlich, dass die Grundhaltung der Generation Y in diesen Belangen deutlich von denen der älteren Generation abweicht.

4.1.2 Keine Angst vor „Überfremdung" – Das „Fremde" als Chance

Die Generation Y steht laut Marktforschungsergebnissen für Diversität und Vielfalt und vor allem für deren Akzeptanz. Multikulturalität wird als kulturelle Bereicherung angesehen. Zwar liegen auch dem Handeln dieser Generation gewisse gelernte Stereotype zugrunde, doch geht die Generation Y bewusster mit diesen um und ist gewillter, sie zu überdenken. Die Schnelllebigkeit des digitalen Zeitalters, in dem die Generation Y aufgewachsen ist, wird als einer der Gründe dafür vermutet, dass ihre Bereitschaft, neue Meinungsbilder zu adaptieren bzw. alte zu revidieren, deutlich höher ausfällt als bei den älteren Generationen. Zudem ist die Generation Y mit der Angst vor Terror vertraut. Der Terroranschlag auf das World Trade Center 2001 gilt als besonders prägendes Ereignis dieser Generation (Kring 2013, S. 8). Zu den weiteren zentralen Ereignissen zählen unter anderem: Invasion der USA im Irak sowie Afghanistan als Kriegserklärungen an den Terror, Zuganschläge in Madrid 2004 und London 2005, der Anschlag auf die Redaktion der Satirezeitschrift *„Charlie Hebdo"* in Paris 2015 sowie nicht zuletzt jüngste Anschlagsserien des sogenannten „Islamischen Staates (IS)" in Paris und Brüssel sowie weitere Terrorakte (vgl. Sator und Trampe 2015; Bundesamt für Verfassungsschutz 2015). Somit lässt sich diese Generation von aktuellen weltpolitischen Ereignissen weniger beeindrucken, erscheint deutlich distanzierter gegenüber Medienberichten über politische Ereignisse und positioniert sich kritischer gegenüber projizierten Vorurteilen. Das Aufwachsen zu solchen Zeiten hat die Generation Y gelehrt zu differenzieren und mit der ständig präsenten Gefahr umzugehen. Die Angst vor dem Fremden stellt für die Generation Y weniger eine Bedrohung als vielmehr eine Chance dar. Die Generation Y ist den Umgang mit fremden Kulturen gewohnt, sie kennt keine Grenzen in Europa, bereist fremde Länder und lässt sich von politisch motivierten Instrumentalisierungen zumeist nicht unmittelbar beeindrucken (vgl. Nieberding 22. November 2015). Kurzum: „Die Ypsiloner finden Wege, trotz aller Flexibilität und Unsicherheit glücklich zu werden" (Hurrelmann und Albrecht 2014, S. 8).

In Deutschland hat der Übergang zur Einwanderungsgesellschaft bereits stattgefunden. Nicht zuletzt ist dies auf den liberalen Kurs der gegenwärtigen deutschen Regierung in der Flüchtlingsfrage zurückzuführen. Willkommenspolitik ist ein Begriff, der sich zur Beschreibung von Maßnahmen der Bundespolitik etabliert hat. Doch obwohl der gesellschaftliche Umbruch zu einer heterogenen Gesellschaft bereits längst stattgefunden hat, sind in den Köpfen vieler Bundesbürger noch immer Ressentiments präsent (vgl. Schneider et al. 2015, S. 23 ff.).

Abb. 4.4 AfD-Wähler: Demografischer Charakteristika. (Quelle: YouGov 2016)

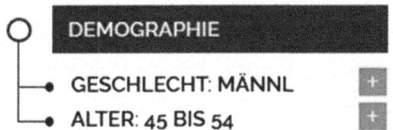

In den Wahlstatistiken kürzlich stattgefundener Landtagswahlen spiegelt sich dies ebenfalls wider. Hauptsächlich Männer mittleren Alters wählten die populistische AfD (siehe Abb. 4.4), was für eine Vorurteilsbelastung innerhalb dieser Generation spricht (vgl. YouGov 2016). Die eigens zur Flüchtlingsfrage und der Verbindung mit der Generation Y durchgeführte Studie (Abschn. 4.2) geht hier speziell auf die Einstellung zu Flüchtlingen ein.

4.2 Studie: Die Generation Y und die Flüchtlingsfrage

4.2.1 Methodischer Ansatz

Die Grundlage für die vorliegende Studie bildete eine Online-Umfrage per anonymisiertem Fragebogen mit dem Ziel, das vorherrschende Meinungsbild zu Flüchtlingen in Deutschland zu erfassen. Besonderer Fokus wird hierbei auf die Einstellungen der Generation Y gelegt. Der Fragebogen bestand aus zwei Teilen: dem ersten Teil zur Abfrage soziodemografischer Daten und dem zweiten Teil mit Fragen zum Meinungsbild zu unterschiedlichen Bereichen in der Flüchtlingsfrage und der individuellen Positionierung der Befragten hierzu. Die Umfrage wurde deutschlandweit über soziale Medien verbreitet. Die Umfrage fand im Befragungszeitraum 1. Oktober 2015 bis zum 29.Februar 2016 statt.

4.2.2 Methodische Grenzen

Ein Großteil der Fragen fragt Einstellungen und Erwartungen ab, da sich die Fragen auf die subjektive Meinung sowie zum Teil auf die Zukunft beziehen und gleichzeitig subjektive Erfahrungen und Kenntnisse voraussetzen. Somit reflektieren sie gegenwärtige Vorstellungen oder Absichten der Probanden, die prinzipiell nicht statisch sind und sich im Verlauf der eigenen Zukunft wandeln können. Naturgemäß sind Meinungen verknüpft mit persönlichen Ideologien und gegenwärtigen gesellschaftlichen sowie politischen Umständen und somit wandelbar. Dementsprechend kann das erhobene Meinungsbild nicht als allgemeingültig dargestellt werden. Es erlaubt jedoch Rückschlüsse auf grundsätzliche Tendenzen, die in ihrer Eigenart als beständig angenommen werden können. Es ist davon auszugehen, dass lediglich die Ausprägung in Abhängigkeit von aktuellen Geschehnissen variabel ausfällt. In der Vorstellung der Datensätze wird der erste soziodemografische Teil in absoluten Werten angegeben, gefolgt von den entsprechenden relativen Werten in Klammern. In der Auswertung der Meinungserhebung wird der Übersicht halber auf die Nennung absoluter Werte verzichtet, dort werden folglich relative Werte einander gegenübergestellt.

4.2.3 Ergebnisse und Daten im Überblick

Insgesamt waren 41 % der Befragten männlich und 59 % weiblich. Tendenziell gelten ländliche Regionen sowie die neuen Bundesländer als Regionen, in denen die Toleranz gegenüber Flüchtlingen im Vergleich zur übrigen Bundesrepublik eher gering ausfällt. Daher wurde auch die Frage nach dem Wohnort der Befragten gestellt: 72 % der Befragten gaben an, in einer Stadt zu leben, während 28 % angaben, in einer ländlichen Region zu leben. 44 % der Teilnehmer wohnen in einem der neuen Bundesländer und 56 % in einem der alten Bundesländer.

Im soziodemografischen Teil der Befragung wurden ebenfalls Fragen zum höchsten bisher erlangten Bildungsabschluss gestellt. Hier lag die allgemein verbreitete Annahme zugrunde, dass ein geringeres Bildungsniveau Hinweise auf einen höheren Grad der Intoleranz, bzw. Abneigung liefert. Die Stichprobe lieferte jedoch keine signifikante Abgrenzung der Bildungsniveaus, weswegen letztendlich auch von einer entsprechenden Differenzierung Abstand genommen wird (siehe Abb. 4.5).

4.2.4 Meinungsbilder

Bei dem zweiten Teil unserer Umfrage ging es um die Einstellungen der Probanden zu Sachverhalten, die im Allgemeinen in Verbindung zur Flüchtlingsfrage in Deutschland stehen. Zunächst galt die Umfrage der Bestimmung des bestehenden sozialen Engagements der Befragten. Hier ging es auch darum, mögliche Rückschlüsse auf den Stellenwert zu ziehen, den die Flüchtlingsfrage bei den Befragten hat. Auf die Frage, ob die Teilnehmenden sich in der Flüchtlingshilfe engagieren bzw. Flüchtlingen auf andere Weise Unterstützung zukommen

4.2 Studie: Die Generation Y und die Flüchtlingsfrage

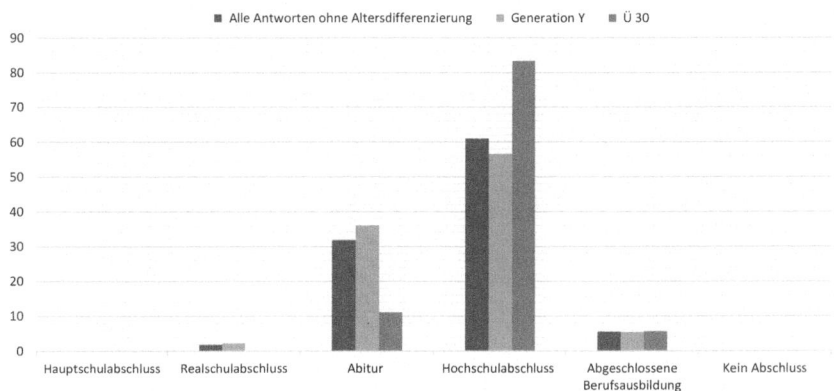

Abb. 4.5 Bildungshintergrund der Befragten (in Prozent)

ließen, gaben insgesamt 30 % der Teilnehmer an, sie engagierten sich. 70 % hingegen hatten sich bisher noch nicht für Flüchtlinge eingesetzt. Betrachtet man die Datensätze differenziert, so stellt sich heraus, dass bei der Befragtengruppe „Ü30" das Verhältnis signifikant ausgewogener ist als bei der Generation Y (siehe Abb. 4.6).

4.2.5 Flüchtlingsaufkommen

In der Erhebung zum Meinungsbild wurde zunächst die persönliche Einstellung zum gesamtheitlichen Flüchtlingsaufkommen bezogen auf den Standort Deutschland erhoben. Den Ergebnissen zufolge sehen 50,9 % der Gesamtstichprobe die Kapazitätsgrenze als noch nicht erreicht an und stimmten folglich *für* die Aufnahme weiterer Flüchtlinge. 24,5 % sahen die Belastungsgrenze bereits als erreicht bzw. überschritten, und ebenfalls 24,5 % gaben an, den bestehenden Umfang als angemessen zu erachten (siehe Abb. 4.7). Bei genauerer Betrachtung der jeweiligen Stichprobengruppen erweist sich die Einstellung der Befragten, die eindeutig der Generation Y angehören, als vergleichsweise unerwartet und negativ in ihrer Tendenz. Während nur 16,6 % der Befragten im Alter von über 30 Jahren eine kritische Haltung zur Belastungsgrenze einräumten, teilten 26,1 % der Generation Y diese Meinung. Somit lässt sich eine grundlegend positivere Grundhaltung bei älteren Bundesbürgern in dieser Frage herausstellen.

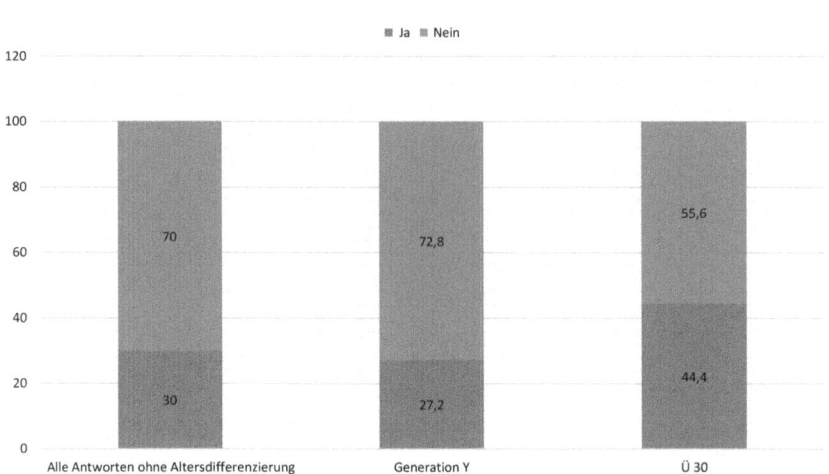

Abb. 4.6 Sind Sie in der Flüchtlingshilfe aktiv bzw. unterstützen Sie Flüchtlinge in irgendeiner Weise?

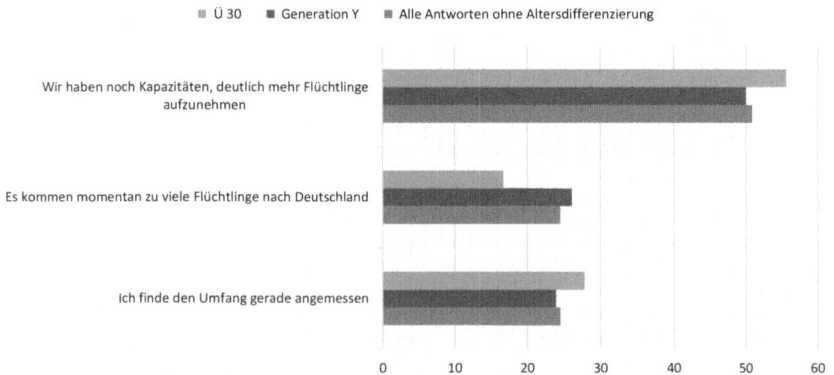

Abb. 4.7 Persönliche Einstellung zum derzeitigen Flüchtlingsaufkommen (in Prozent)

In der Umfrage wurden keine Referenzwerte hinsichtlich des tatsächlichen Flüchtlingsaufkommens in Deutschland gestellt. Die Antworten basieren somit auf persönlichen Grundannahmen, die naturgemäß auf Spekulationen basierten und aller Wahrscheinlichkeit nach vom direkten Umfeld der Befragten sowie bestehenden Medienberichten beeinflusst wurden.

4.2.6 Befürchtungen

Um weitere Aufschlüsse über die Grundhaltung der Studienteilnehmer zu erlangen, wurde nach Befürchtungen in Verbindung mit der aktuellen Flüchtlingslage gefragt. Dazu gab es mehrere Antworten, die sich auf unterschiedliche Lebensbereiche bezogen. In einer Mehrfachnennung wurden die Teilnehmenden zu ihren Sorgen hinsichtlich gesellschaftlicher und sozialer Auswirkungen befragt. Dabei konnten sowohl Befürchtungen den Standort Deutschland als auch Flüchtlinge selbst betreffend angegeben werden. Die Ergebnisse hierzu setzen sich wie folgt zusammen: Die Mehrzahl der Antwortenden fürchtet an erster Stelle um die Lage der Flüchtlinge im weitesten Sinne sowie Folgen für die Entwicklung der deutschen Gesellschaft und weniger um mögliche negative Folgen für den deutschen Sozialstaat an sich (siehe Abb. 4.8).

So gaben insgesamt 78,2 % an, sie fürchteten sich vor einem erhöhten Aufkommen von Rechtsextremismus. In ihrer Tendenz nehmen sich die Stichprobengruppen nicht viel: Die Antworten gliedern sich hierbei in 83,3 % der Über-30-Jährigen und 77,2 % der Generation Y auf. Ferner hatten 53,6 % Angst vor wachsenden religiösen Spannungen und Differenzen, wobei die Über-30-Jährigen hier eine deutlich höhere Tendenz aufweisen. Im Vergleich kennzeichneten

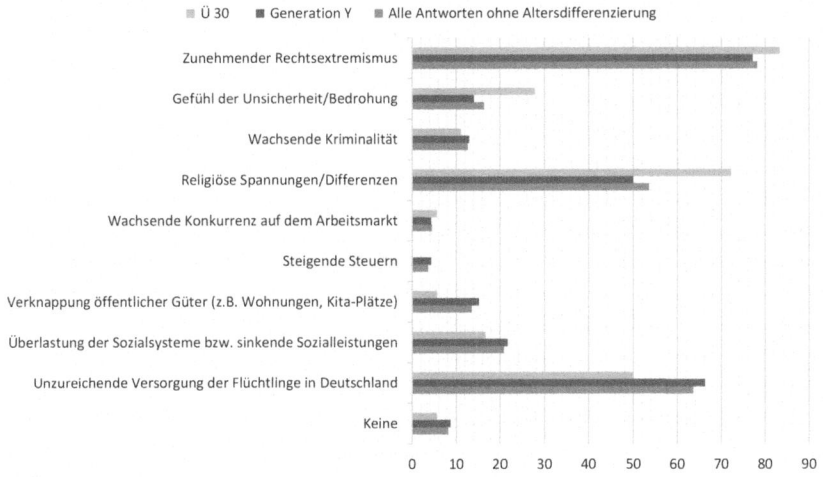

Abb. 4.8 Befürchtungen im Zusammenhang mit der Flüchtlingskrise – Mehrfachauswahl (in Prozent)

72,2 % der Über-30-Jährigen diesen Punkt als beunruhigend sowie 50 % der Genration Y. Eine weitere Antwortoption bezog sich auf Ängste vor einer unzureichenden Versorgung von Flüchtlingen in Deutschland: Diese Art der Befürchtungen teilten 63,6 % der Befragten; davon 50 % der Über-30-Jährigen und 66,3 % der Generation Y. Aufschlussreich ist die höhere Sorge innerhalb der Generation Y um das Wohlergehen von Flüchtlingen. Diese Tendenz bietet Rückschlüsse auf eine prinzipielle ethische sowie moralische Verantwortung, für die diese Generation einsteht, wie an anderer Stelle bereits erwähnt.

Die weiteren Antwortmöglichkeiten bezogen sich primär auf die Konsequenzen für Deutschland. Sicherheitspolitische Sorgen waren unter den befragten Personen nicht signifikant vorhanden. So gaben nur 16,4 % aller Befragten an, Sorge um eine Zunahme krimineller Ausschreitungen zu haben („Ü30": 11,1 %; Generation Y: 13 %). Die einzige Abweichung zeigt sich bei der Stichprobe „Ü30" bei der Frage um das Empfinden der eigenen Sicherheit. Während nur 14,1 % der Generation Y sich in ihrer persönlichen Sicherheit eingeschränkt bzw. bedroht fühlten, waren es 27,8 % der Über-30-Jährigen. Ausgehend von den zuvor erläuterten Charakteristika der Generation Y ist dies indikativ für deren Vertrautheit mit fremden Kulturen, die bei älteren Generationen nicht im gleichen Umfang präsent ist. Aufschlussreich sind auch die Befürchtungen um zukünftige Sozialleistungen, vor allem bei der Stichprobe Generation Y. Hierbei gaben 21,7 % an, dass sie um die Überlastung der Sozialsysteme und um sinkende Sozialleistungen fürchten. 15,2 % hatten zudem Sorge um eine Verknappung öffentlicher Güter. Bei Befragten der Stichprobe „Ü30" stimmten 16,7 % für erstere Instanz und gar nur 5,6 für Letztere. Nicht zuletzt könnte dies auch auf den andauernden Diskurs um das steigende Renteneintrittsalter zurückzuführen sein, der in deutschen Medien von andauernder Präsenz ist, was ebenfalls die Sorge um künftige Sozialleistungen bedingen könnte.

Weitere mögliche Nennungen bezogen sich im weitesten Sinne auf negative Konsequenzen für den deutschen Arbeitsmarkt. Die relativen Werte fielen jedoch so gering aus, dass hierbei von keiner grundsätzlichen Befürchtung um den deutschen Arbeitsmarkt bei unserer Stichprobe auszugehen ist. Der Vollständigkeit halber werden die Ergebnisse dennoch aufgelistet. Keiner der Über-30-Jährigen befürchtet eine Anhebung der Steuerleistungen als Folge der Aufnahme von Flüchtlingen, während 4,3 % der Generation Y eine solche Entwicklung als Konsequenz befürchten. Zudem fiel auch die Sorge um eine mögliche wachsende Konkurrenz auf dem Arbeitsmarkt eher gering aus. Diese befürchteten insgesamt 4,5 %, das ergibt 5,6 % der Stichprobe „Ü30" und 4,3 der Generation Y. 8,2 % der Befragten gaben an, hier keinerlei Befürchtungen zu hegen („Ü30": 5,6 %; Generation Y: 8,7 %).

4.2 Studie: Die Generation Y und die Flüchtlingsfrage

Im Rahmen der Umfrage wurden keine Fragen zu den Hintergründen potenzieller Ängste gestellt. Daher können nur Vermutungen über die genauen Vorstellungen der Befragten angestellt werden. Die Antworten deuten jedoch darauf hin, dass die Teilnehmenden von jeweilig aktuellen Diskursen beeinflusst wurden. Zusammengefasst stimmte eine Mehrheit der Befragten in ihrer Sorge um eine unzureichende Versorgung von Flüchtlingen überein. Gleichsam häuften sich Berichte über schlechte Bedingungen in Flüchtlingsheimen oder vor dem Berliner Landesamt für Gesundheit und Soziales (Lageso) in der deutschen Medienlandschaft (vgl. hierzu u. a. VICE Staff 2013; Simantke und Böhme 9. september 2014; Heine 18. August 2015), ähnlich wie Berichte über Brandanschläge oder sonstige Übergriffe auf Flüchtlinge oder rechtsextremistische Ausschreitungen (vgl. Bendarczyk 29. September 2015; Tagesschau 2016).

4.2.7 Hoffnungen

Komplementär zu möglichen vorherrschenden Befürchtungen wurden die Umfrageteilnehmer ebenfalls zu Hoffnungen befragt, die sie im Kontext des Flüchtlingsaufkommens hegen. Hierbei waren wieder Mehrfachnennungen möglich. Die Antwortmöglichkeiten bezogen sich erneut sowohl auf gesamtgesellschaftliche Entwicklungen als auch auf Hoffnungen, die sich primär um das Wohlergehen von Flüchtlingen im weitesten Sinne bezogen. Bei der Mehrheit der Studienteilnehmer herrschte Einigkeit über die Hoffnung auf eine erfolgreiche Integration von Flüchtlingen in die Gesellschaft. Von allen Befragten gaben 59,1 % an, Hoffnung auf eine erfolgreiche Integration zu haben. In der Befragtengruppe „Ü30" teilten 55,6 % diese Einstellung, ebenso wie 59,8 % der Generation Y. Zudem erhofften sich 46,4 % aller Teilnehmer mehr kulturelle Vielfalt. Der Generationen-Vergleich liefert wiederum interessante Werte: Während eine Mehrheit von 55,6 % der befragten Über-30-Jährigen diese Hoffnung hegte, stimmten in diesem Punkt 44,6 % der Generation Y überein (siehe Abb. 4.9). Ein möglicher Erklärungsansatz für die vergleichsweise geringe Anzahl von Antworten in dieser Hinsicht könnte sein, dass die Genration Y sich des bestehenden kulturellen Angebots sowie der kulturellen Vielfalt in Deutschland bereits bewusst ist. Folglich könnte dies dazu geführt haben, dass sie diesem Aspekt keinen außerordentlichen Stellenwert beimaß. Dennoch ist der Prozentsatz nicht von der Hand zu weisen und zeigt eine bestehende Bereitschaft in der Gesellschaft zur Teilhabe an diversen kulturellen Angeboten. Vergleicht man diese Hoffnung auf mehr kulturelle Vielfalt mit der Hoffnung auf mehr Toleranz in der Gesellschaft, so ist dieser Wert geringer. In Gänze hofften 39,1 % auf mehr Toleranz. Aufgegliedert zeigt sich jedoch, dass die Generation Y die Bereitschaft zu Toleranz

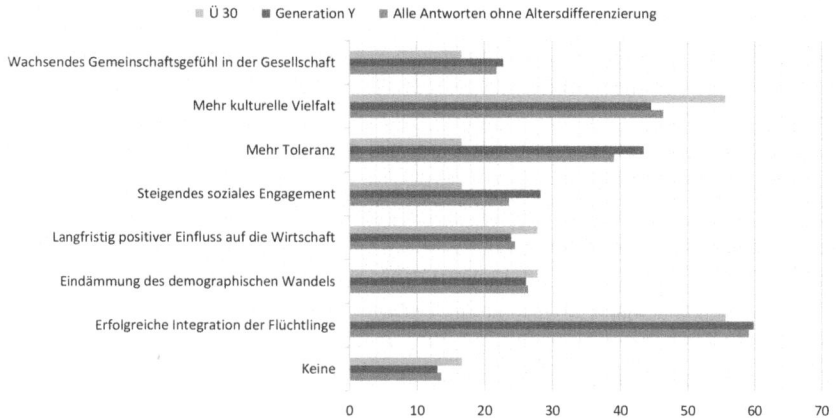

Abb. 4.9 Hoffnungen in Verbindung mit dem aktuellen Flüchtlingsaufkommen – Mehrfachauswahl (in Prozent)

innerhalb der Gesellschaft optimistischer einschätzt als die übrigen Befragten. So erklärten 43,5 % der Generation Y ihre optimistische Einstellung, wohingegen die Befragtengruppe „Ü30" diese Meinung mit nur 16,7 % vertrat. Auch hier spiegeln sich Ansichten wider, die nicht unwahrscheinlich von der medialen Berichterstattung beeinflusst wurden. Die Häufung von Berichten über fremdenfeindliche Übergriffe sowie aktuelle Wahltendenzen hin zum Rechtskonservativismus könnten hierbei ausschlaggebend gewesen sein. Nicht auszuschließen ist auch die kognitive Nähe der Befragten zu ihrer jeweiligen Generation, die die Befragten in ihrer Einschätzung beeinflusst haben könnte. Hervorzuheben ist ebenfalls die geringe Antworthäufigkeit hinsichtlich geteilter Hoffnungen im Hinblick auf ein wachsendes Gemeinschaftsgefühl in der Gesellschaft. Während 22,8 % der Generation Y auf mehr gesellschaftlichen Zusammenhalt hofften, so waren es nur 16,7 % der Über-30-Jährigen. Ähnliches zeichnet sich bei der Zuversicht hinsichtlich eines steigenden sozialen Engagements ab; die Antworten gliedern sich wie folgt auf: Generation Y 28,3 %, „Ü30" 16,7 %.

Ebenfalls zur Auswahl standen mit dem Standort Deutschland verbundene Langzeitwirkungen als erhoffte Entwicklungen. In diesem Zusammenhang gab es Antwortoptionen zu einem langfristigen Wirtschaftswachstum sowie der Eindämmung des demografischen Wandels. Die Antworten unterscheiden sich nicht gravierend zwischen den beiden befragten Gruppen. Jeweils 27,8 % der Stichprobe

„Ü30" stimmten bei beiden Fragen zu. 28,3 % der Generation Y erhofften sich eine Eindämmung des demografischen Wandels und 23,9 % ein langfristiges Wirtschaftswachstum. Vergleicht man die Ergebnisse unserer Umfrage mit denen der zuvor genannten IWF-Studie (siehe Abschn. 2.4) so wird ersichtlich, dass Theorie und Praxis in diesem Punkt nicht übereinstimmen. Zwar sagen wissenschaftliche Prognosen ein Wirtschaftswachstum voraus, doch scheint dies den Befragten nicht ausreichend bekannt zu sein. Anzunehmen ist auch, dass die Befragten sich der bestehenden Restriktionen hinsichtlich der Arbeitsmarktintegration von Flüchtlingen bewusst waren und eine pessimistische Einstellung hinsichtlich einer Lockerung dieser Regelungen teilten. 16,7 % der Über-30-Jährigen hatten keinerlei Hoffnungen resultierend aus dem aktuellen Flüchtlingszustrom, und 13 % der Generation Y teilten diese Ansicht.

Anzumerken ist ferner, dass in der Fragestellung nicht konkretisiert wurde, mit wem oder was die Hoffnungen in Verbindung stehen. Es ist nicht auszuschließen, dass einige Befragte die erfragten Hoffnungen als subjektive Hoffnungen für die eigene Person verstanden haben. Somit könnte es zu Verzerrungen in der Erhebung gekommen sein. Doch die Wahrscheinlichkeit dürfte eher gering ausfallen, da die Formulierung „in Deutschland" gewählt wurde. Man kann davon ausgehen, dass die Formulierung den Deutungsrahmen eingeschränkt hat und die Befragten die genannten Hoffnungen auf den Standort Deutschland bezogen.

4.2.8 Wege der Integration

Die Umfrage sollte auch Aufschluss darüber geben, wie sich die Befragten eine erfolgreiche Integration von Flüchtlingen in Deutschland vorstellen. Somit wurde eine Mehrfachauswahl an möglichen Integrationsprozessen vorgestellt, die die Befragten ankreuzen konnten. Diese zielten zum einen auf Maßnahmen für Flüchtlinge, mögliche Aufklärungsarbeit innerhalb der deutschen Gesellschaft sowie gemeinsame Integrationsansätze ab (siehe Abb. 4.10). Beachtenswert ist, dass bei dieser Frage der Prozentsatz der Antworten, die keinerlei Maßnahmen als notwendig erachteten, bei null liegt. Die häufigste Benennung bezog sich auf die Integrationsmaßnahme „Deutschkurse von Beginn an". Hierin stimmten beide Stichprobengruppen in ihren Meinungen überein: 81,5 % der Generation Y und 83,3 % der Über-30-Jährigen plädierten somit für die Bereitstellung von Sprachangeboten zu einem frühestmöglichen Zeitpunkt innerhalb des Asylprozesses. Ferner erachteten 41,3 % der Generation Y sowie 44,4 % der Über-30-Jährigen Aufklärungsarbeit für Flüchtlinge hinsichtlich kultureller und religiöser Unterschiede in Deutschland im Vergleich zu ihrem Heimatland als notwendig. Die

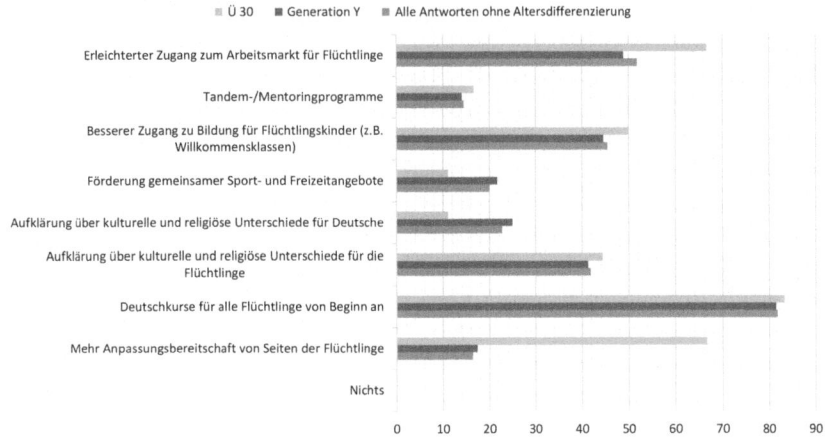

Abb. 4.10 Notwendige Maßnahmen für eine erfolgreiche Integration? – Mehrfachauswahl (in Prozent)

gleiche Frage wurde dann auch bezogen auf die Gastgebergesellschaft gestellt. Nur 11,1 % der Über-30-Jährigen und 25 % der Generation Y glaubten, dass weiterhin Aufklärungsbedarf in Deutschland selbst bestehe. Dieses Ergebnis ist interessant, vor allem, wenn man die andauernden Stereotypisierungsdiskurse in den Medien betrachtet. Anzunehmen ist, dass die Antwortenden bei dieser Frage ebenfalls von ihrer eigenen Person ausgingen und folglich von sich annehmen, bereits einen hohen Kenntnisstand über die erfragten Sachverhalte zu haben.

Ebenfalls von Interesse sind die Antworten auf die Frage, ob die Teilnehmer der Umfrage einen höheren Willen der Flüchtlinge zur Anpassung für notwendig hielten. Die zugrunde liegende Annahme für diese Antwortoption war, dass Geflüchtete zwar vor aktuellen Krisensituationen in ihrem Heimatland flüchten, deren Asylbewilligung jedoch von der aktuellen Lage in ihrem Land abhängt. Anders gesagt: Es ist anzunehmen, dass ein Großteil der Flüchtlinge nur temporär Asyl sucht und nach Beruhigung der Konfliktlagen in den Herkunftsgebieten wieder in seine Heimat zurückkehrt. Folglich könnte der Wille zur Anpassung gering ausfallen. Die Stichproben liegen in ihren Ansichten hierzu weit auseinander: während nur 17,4 % der Generation Y mehr Anpassungsbereitschaft von Flüchtlingen forderten, waren es 66,7 % der Stichprobe „Ü30". Unbekannt ist, ob die Antwortenden anhand von eigenen Erfahrungswerten abstimmten oder auf Basis von Vermutungen. Generell zeichnet sich in dieser Beziehung jedoch ein signifikant höherer Wille zur Toleranz von fremden Kulturen und Gewohnheiten bei der Generation Y ab, während die ältere Befragtengruppe offenkundig eher an der Vorstellung einer homogenen deutschen Kultur festhält.

Anzumerken ist die Häufigkeit der Antworten, wenn es um den Zugang zur Bildung für Flüchtlingskinder bzw. zum Arbeitsmarkt für erwachsene Flüchtlinge geht: 50 % der Stichprobe „Ü30" und 44,6 % der Generation Y erachteten den Zugang zur Bildung als notwendig. Für eine bessere Arbeitsmarktintegration stimmten hingegen 66,7 % der Über-30-Jährigen und 48,9 % der Generation Y. Die höhere Zustimmung innerhalb der „Ü30"-Stichprobe mag dadurch bedingt sein, dass diese vermutlich bereits im Arbeitsleben stehen und somit deren Nähe zur Arbeitsmarktthematik gegeben ist, wohingegen der Großteil der befragten Generation Y noch ihrem Studium nachgeht. Angesichts dessen wirkt der Anteil derer, die einen besseren Bildungszugang für notwendig halten, eher gering. Eine mögliche Erklärung hierfür könnte auf die Wahl der Begrifflichkeiten zurückzuführen sein. Konkret wurde nach einem *besseren* Zugang zu Bildung gefragt, weswegen den Befragten der bereits bestehende Zugang als ausreichend erscheinen mag.

Zur Auswahl gestellte Förderprogramme, welche auf Maßnahmen abzielten, die gemeinsame Aktivitäten voraussetzen, erhielten vergleichsweise wenige Nennungen. Zur Option standen sowohl „Tandem-" bzw. „Mentoring-Programme" (Generation Y: 14,1 %; „Ü30": 16,7 %) als auch eine Förderung gemeinsamer Sport- und Freizeitaktivitäten (Generation Y: 21,7 %; „Ü30": 11,1 %). Auch hier wurde nicht nach den Hintergründen der Auswahl gefragt, somit kann aus den erhobenen Daten nicht auf die zugrunde liegende Motivation der Befragten geschlossen werden. Nicht unwahrscheinlich ist die Annahme, dass die Umfrageteilnehmer selbst nicht in großem Umfang von Sport- oder anderen Freizeitaktivitäten Gebrauch machen und somit keinen Nutzen in dieser Hinsicht sahen. Ebenfalls unbekannt bleibt, ob die Befragten bereits selber von Sprach- und Tandemangeboten Gebrauch machten, und wenn ja, ob diese als positiv oder negativ erlebt wurden. Solche subjektiven Erfahrungswerte könnten zu Verzerrungen in den Ergebnissen geführt haben. Dennoch sind die vorliegenden Ergebnisse von Bedeutung, da sie letztlich Rückschlüsse auf die Einstellung der Befragten erlauben, auch wenn sie von subjektiven Faktoren beeinflusst wurden.

4.2.9 Persönlicher Kontakt

Wie bereits angemerkt, wurden die Teilnehmer der Studie nicht zu den Hintergründen ihrer Antworten befragt. Um dennoch Aufschlüsse hinsichtlich ihrer Bereitschaft zur eigenen Interaktion mit Flüchtlingen zu erlangen, wurde den

Teilnehmern die Frage gestellt, in welchen Lebensbereichen sie sich mehr persönlichen Kontakt zu Flüchtlingen wünschten bzw. in welchen Bereichen sie sich vorstellen könnten, selbst aktiv zu werden. Zur Option gestellte Antwortmöglichkeiten beinhalteten sowohl gemeinsame Freizeitaktivitäten als auch Sprachförderangebote und den beruflichen Kontext (siehe Abb. 4.11). Aus den Ergebnissen geht klar hervor, dass sich die Generation Y aufgeschlossen gegenüber interkulturellen Aktivitäten positioniert. So gaben 66,3 % der Generation Y an, gemeinsamen kulturellen Aktivitäten wie Musizieren, Kochen oder performativen Schauspielprojekten gegenüber aufgeschlossen zu sein. 55,6 % der Über-30-Jährigen teilten diese Auffassung. Auffällig bleibt auch in dieser Frage der geringe Prozentsatz Bereitwilliger im Bereich gemeinsamer sportlicher Aktivitäten. Hierzu erklärten sich nur 16,3 % der Generation Y gewillt sowie 16,7 % der Über-30-Jährigen. Dieses Ergebnis bekräftigt die Annahme, dass die befragte Stichprobe von sich aus ein geringes Eigeninteresse an sportlichen Aktivitäten aufweist. Dieser Sachverhalt könnte die gering ausfallende Eigeninitiative in dieser Hinsicht erklären.

Mit der Erhebung sollte ebenfalls herausgefunden werden, wie ausgeprägt der Wille ist, die Initiative zu ergreifen, um mit Flüchtlingen zu interagieren. Demnach wurde in den Antwortmöglichkeiten das Angebot von Tandem- und Mentoring-Programmen zur Auswahl gestellt sowie das eigenständige Leiten von

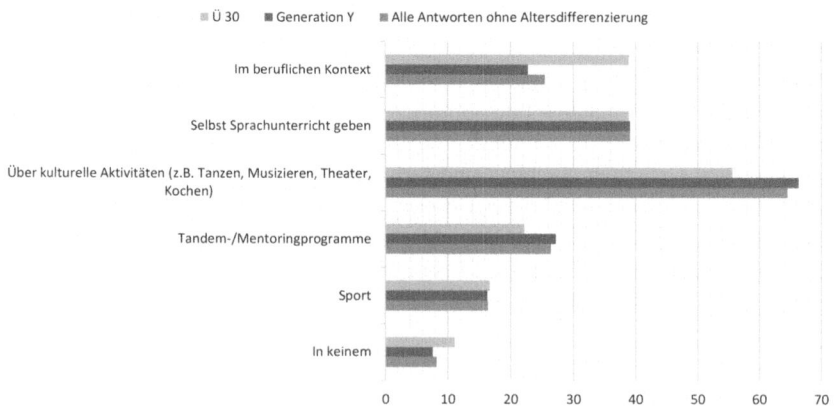

Abb. 4.11 Lebensbereiche, in denen mehr Kontakt zu Flüchtlingen gewünscht wird – Mehrfachauswahl (in Prozent)

Sprachkursen. 27,2 % der Generation Y und 22,2 % der Über-30-Jährigen konnten sich vorstellen, an Tandem- bzw. Mentoring-Programmen zu partizipieren. In Eigeninitiative Sprachkurse zu geben, zogen hingegen 39,1 % der Generation Y sowie 38,9 % der Über-30-Jährigen in Betracht. Beide Bereiche stellen Aktivitäten dar, die gewisse Kenntnisse voraussetzen, vor allem in sprachlicher Hinsicht, sowie ein hohes Maß an zeitlicher Hingabe und Vorbereitung erfordern.

Zuletzt wurde neben dem Wunsch nach mehr Kontaktnahme zu Flüchtlingen im beruflichen Kontext auch die Option zur Antwort gestellt, sich keinerlei Kontakt zu wünschen. Während 11,1 % der über 30-Jährigen in keinem der genannten Bereiche zu mehr Kontakt gewillt waren, wünschten sich dennoch 38,9 % der „Ü30"-Stichprobe mehr Interaktion mit Flüchtlingen im Berufsleben. 7,6 % der Generation Y wünschten keinerlei Kontakt in den genannten Bereichen, während 22,8 % der Generation Y angaben, im beruflichen Rahmen mehr Kontakt zu Flüchtlingen in Erwägung zu ziehen. Wenngleich die Bereitschaft der Befragten eher gering ausfällt, was einen erhöhten Kontakt zu Flüchtlingen im beruflichen Kontext angeht, so kann dies ebenfalls an der aktuellen Lage der Befragten liegen. Es wurde nicht gefragt, ob die Studienteilnehmer bereits beruflich tätig sind und wenn, in welchem Bereich. Demnach ist anzunehmen, dass vor allem die Befragten der Generation Y bisher noch nicht antizipiert hatten, in welchem Bereich sie sich vorstellten zu arbeiten und folglich dieser Aspekt keinen hohen persönlichen Stellenwert bei den Befragten einnahm. Dennoch teilt die Mehrheit der befragten Stichprobengruppen den Willen, selber aktiv zu werden und in Interaktion mit Flüchtlingen zu treten. Der Anteil derer, die sich keinerlei Kontakt wünschten, ist auffallend gering, was für eine hohe Akzeptanz von und auf eine hohe Toleranz gegenüber Flüchtlingen innerhalb der Befragtengruppe schließen lässt.

4.3 Schlussfolgerungen

Aus den Ergebnissen der Umfrage geht – ähnlich den Erkenntnissen aus der Shell Jugendstudie 2015 – hervor, dass die Generation Y sich durchaus offen gegenüber fremden Kulturen und deren Akzeptanz positioniert. Von besonderem Stellenwert sind dabei humanitäre Ideale, für die die Generation Y steht. So stehen die befragten Ypsiloner grundsätzlich optimistisch weiteren Flüchtlingszuströmen nach Deutschland gegenüber (siehe Abschn. 4.2.2). Ihre größte Sorge hinsichtlich des Wohlergehens von Flüchtlingen richtet sich dabei vor allem auf deren zureichende Versorgung und angemessene Unterbringung (siehe Abschn. 4.2.3).

Gleichzeitig legen sie großen Wert auf eine Bereitstellung von Integrationsprogrammen und Maßnahmen und setzten hierbei vor allem auf sprachliche Integration in Form von Sprachkursen. Auch Theorien zur Integration messen zuvörderst sprachlichen Kenntnissen einen grundlegenden Stellenwert für eine erfolgreiche Integration in die Aufnahmegesellschaft zu. „Der Schlüssel zur Sozialintegration in das Aufnahmeland ist die Sprache und die daran anschließende strukturelle Assimilation in das Bildungssystem und den Arbeitsmarkt" (Esser 2001, S. 3). In diesem Sinne sah knapp die Hälfte aller Befragten einen besseren Zugang zur Bildung für geflüchtete Kinder sowie eine schnelle und effiziente Arbeitsmarktintegration von erwachsenen Flüchtlingen als notwendige Integrationsmaßnahmen an (siehe Abschn. 4.2.4).

Zwar hofft eine Mehrheit auf eine erfolgreiche Integration von Flüchtlingen in die Gesellschaft (Generation Y 59,8 %; „Ü30" 55,6 %), doch stehen sie der diesbezüglichen Bereitschaft innerhalb der deutschen Gesellschaft kritisch gegenüber. Damit einhergehend haben sie Sorge um gesellschaftliche Begleiterscheinungen wie eine Zunahme rechtsextremistischer Ideologien und daraus resultierende Fremdenfeindlichkeiten sowie religiöse Konflikte. Eine Minderheit der befragten Stichprobe glaubt an positive Entwicklungen innerhalb der deutschen Gesellschaft, was eine zunehmende Toleranz von Flüchtlingen und Akzeptanz von Vielfalt anbelangt. Innerhalb der Stichprobe „Ü30" zeichnet sich gar ein noch negativeres Bild hinsichtlich eines zunehmenden Gemeinschaftsgefühls oder zunehmender Toleranz ab; sie verneinen eine solch positive Entwicklung vielmehr (siehe Abschn. 4.2.4). Die Generation Y glaubt den Ergebnissen der vorliegenden Studie zufolge auch nicht an eine Zunahme des Gemeinschaftsgefühls in Deutschland. Diese Tendenz erscheint unerwartet, da angenommen werden könnte, dass sich Menschen gerade in Krisensituationen zusammenschließen und auf ihre Gemeinsamkeiten aufzubauen versuchen.

Die Befragten scheinen jedoch keine bis wenige positive Erfahrungen hinsichtlich eines steigenden Gemeinschaftsgefühls gemacht zu haben, was die negativ ausfallenden Prognosen für die deutsche Aufnahmegesellschaft in diesem Punkt erklären könnte. Dies kann ferner auf den zunehmenden Trend hin zum Rechtspopulismus zurückgeführt werden, der sich in den aktuellen Wahlergebnissen zu Landtagswahlen abzeichnet (siehe Abschn. 2.1). Zwar finden sich rechtspopulistische Gruppierungen ebenfalls aufgrund von Übereinstimmungen in ihren Vorstellungen und Ideen zusammen, doch kann hierbei von keinem toleranten Umgang mit Fremden gesprochen werden.

4.3 Schlussfolgerungen

Zwar gibt es auch Zusammenschlüsse, die sich für Flüchtlinge einsetzen, doch wird eine positive Berichterstattung über Helfer und sozial Engagierte ebenfalls von Übergriffen durch Gegenbewegungen überschattet (vgl. Spanhel 26. April 2016). Gestützt wird dieser Erklärungsansatz von der hoch ausfallenden Angst vor einem zunehmenden Rechtsextremismus, wie zuvor erwähnt.

Die tatsächliche Bereitschaft zur Eigeninitiative und zu sozialem Engagement fällt bei der Generation Y erstaunlich gering aus. Zieht man die genannten Ideale hinzu, so steht sich die Generation Y bezüglich der Erfüllung ihrer Vorstellungen selber im Wege. Es zeichnet sich eine klare Diskrepanz zwischen theoretischen Vorstellungen bzw. Hoffnungen im Vergleich zur Praxis ab. Auf die Frage, in welchen Bereichen sich die Befragten mehr persönlichen Kontakt zu Flüchtlingen wünschten, fiel die Beteiligung doch eher gering aus. Dennoch ist nicht von der Hand zu weisen, dass ein Großteil sich eine Kontaktaufnahme über kulturelle Aktivitäten vorstellen könnte und wünschen würde. Daraus geht hervor, dass vor allem Kultur und Diversität von herausragendem Stellenwert für Millennials sind und sie vor allem auf kulturellen Austausch Wert legen. Dieses Ergebnis deckt sich ebenfalls mit den Erkenntnissen der Shell Jugendstudie 2015 (siehe Abschn. 4.1.1) und könnte mitunter Aufschluss darüber geben, wie die Generation Y eine gelungene Integration versteht: nämlich durch das gegenseitige Miteinander, wodurch die Gelegenheit geboten wird, sich intensiv mit dem Fremden auseinanderzusetzen und Vorurteile zu überprüfen und in letzter Instanz zu revidieren (siehe Abschn. 4.2.1) (Rettig 11. April 2013).

Signifikante Ergebnisse hinsichtlich der Vorstellungen zur Arbeitsmarktintegration von Flüchtlingen konnten aufgrund der geringen Beteiligung bei diesen Fragen nicht erreicht werden (siehe Abschn. 4.2.5 sowie Abschn. 4.2.6). Man kann vermuten, dass die Befragten, die sehr wahrscheinlich noch nicht im Berufsleben stehen, diesen Lebensbereich in ihren Vorstellungen und Idealen noch nicht ausreichend antizipiert hatten. Dies könnte die hohe Zahl an Enthaltungen zu Fragen bezüglich der Arbeitsmarktthematik und Priorisierung kultureller Werte und Maßnahmen begründen.

Grundlegend ist herauszustellen, dass die Generation Y den Flüchtlingsstrom nicht als Bedrohung ansieht. Dies wird gestützt von den geringen Nennungen zu eventuellen Befürchtungen um den Sozialstaat, wie bspw. Mangelbedarf an Kitaplätzen, oder möglichen Sorgen um steigende Steuern (siehe Abschn. 4.2.3). Die Erkenntnisse decken sich somit grundlegend mit denen anderer Studien, die sich mit der Situation der Flüchtlinge in Deutschland bzw. den Sichtweisen der Generation Y beschäftigen. Die vorliegende Studie konnte vorherige Studien ergänzen, indem theoretische Konzepte durch konkretisierte Fragestellungen zu spezifischen Sachverhalten erfragt wurden. Die Generation Y zeichnet sich demnach vor allem durch ihre Ideale und moralischen sowie ethischen Wertevorstellungen aus. Die Umfrage hat damit bestätigt, dass die Generation Y einer Vielzahl gesellschaftlicher Entwicklungen positiv gegenübersteht, wenngleich sie der eigenen Gesellschaft kein hohes Maß an Toleranz zuspricht. Dies spricht für ein weiteres Kernmerkmal der Generation Y: Sie hinterfragt bisher als bestehend angenommene Sachverhalte. Den Befragten kann ein hohes Maß an gesellschaftlicher Reflexion zugesprochen werden. Zwar haben sie ihre eigenen idealen Vorstellungen, doch sie sind sich auch der realen gesellschaftlichen Konstellation bewusst. Das heißt, dass sie trotz ihrer subjektiven Ideologien wissen, dass Akzeptanz und Toleranz Werte sind, die gewisse Grundhaltungen erfordern und Stereotypisierungen oder Vorurteile dabei hinderlich sind (Uba et al. 2011).

Zusammenfassend lässt sich festhalten, dass die Generation Y einen bedeutenden Ansatz zur Akzeptanz und Toleranz von Diversität und kultureller Vielfalt leisten kann. Das genaue Ausmaß und inwieweit sich die gesellschaftliche Wahrnehmung in dieser Hinsicht durch den wachsenden Einfluss der Generation Y wandeln wird, muss durch künftige Folgestudien überprüft werden. Die Generation Y ist zwar bereits zum Teil auf dem Arbeitsmarkt angelangt, doch steht einer Vielzahl von *Ypsilonern* der Einstieg in ihr Berufsleben noch bevor. Dementsprechend kann auch noch nicht von einer entsprechenden Wandlung der Wahrnehmung oder Konzeptualisierung von Fremdheit ausgegangen werden. Es ist jedoch anzunehmen, dass sich nicht zuletzt durch die zahlreichen innovativen Projekte zur Integration von Geflüchteten in den Arbeitsmarkt eine gesamtgesellschaftliche Wende abzeichnen wird, zu der die Ideale und Werte der heutigen Generation Y ihren Anteil leisten werden.

Die im folgenden Kap. 5 vorgestellten, von Mitgliedern der Generation Y gegründeten Initiativen wie „Refugee Hero", „Social Garden", „Refugees on Rail", „Über den Tellerrand" oder „Kiron Open Higher Education" (Abschn. 5.5) tragen schon heute maßgeblich dazu bei, ein Bewusstsein für die schwierige Situation der Asylanten zu schaffen, Begegnungen zwischen Deutschen und Geflüchteten zu ermöglichen und ihnen eine Zukunftsperspektive zu bieten, die über eine langfristige Beschäftigung im Niedriglohnsektor hinausgeht. Daneben ist es ein Anliegen von sozialen Initiativen wie „Pro Flüchtling", „Yaar" oder „Wefugees" (Abschn. 5.2), nicht nur die Einstiegshürden von Flüchtlingen in den deutschen Arbeitsmarkt durch Bildungsprogramme zu verringern, sondern darüber hinaus die Kommunikation zwischen Geflüchteten und Unternehmen zu fördern.

Tab. 4.1 zeigt die relevanten Ergebnisse der Studie nochmals im Überblick.

4.3 Schlussfolgerungen

Tab. 4.1 Relevante Ergebnisse tabellarisch im Überblick

	Relativ in %	Ü 30 Relativ	Gen Y Relativ
6. Engagement Bist du in der Flüchtlingshilfe aktiv bzw. unterstützt du Flüchtlinge in irgendeiner Weise?			
Ja	30,0	44,4	27,2
Nein	70,0	55,6	72,8
7. Meinung zur Flüchtlingszahl Wie stehst du zum momentanen Flüchtlingsaufkommen in Deutschland?			
Ich finde den Umfang gerade angemessen	24,5	27,8	23,9
Es kommen momentan zu viele Flüchtlinge nach Deutschland	24,5	16,7	26,1
Wir haben noch Kapazitäten, deutlich mehr Flüchtlinge aufzunehmen	50,9	55,6	50
8. Befürchtungen Welche Befürchtungen hast du im Zusammenhang mit der aktuellen Flüchtlingssituation?			
Keine	8,2	5,6	8,7
Unzureichende Versorgung der Flüchtlinge in Deutschland	63,6	50,0	66,3
Überlastung der Sozialsysteme bzw. sinkende Sozialleistungen	20,9	16,7	21,7
Verknappung öffentlicher Güter (z. B. Wohnungen, Kita-Plätze)	13,6	5,6	15,2
Steigende Steuern	3,6	0,0	4,3
Wachsende Konkurrenz auf dem Arbeitsmarkt	4,5	5,6	4,3
Religiöse Spannungen/Differenzen	53,6	72,2	50,0
Wachsende Kriminalität	12,7	11,1	13,0
Gefühl der Unsicherheit/Bedrohung	16,4	27,8	14,1
Zunehmender Rechtsextremismus	78,2	83,3	77,2
9. Hoffnungen Welche Hoffnungen verbindest du mit dem Flüchtlingsaufkommen in Deutschland?			
Keine	13,6	16,7	13,0
Erfolgreiche Integration der Flüchtlinge	59,1	55,6	59,8

(Fortsetzung)

Tab. 4.1 (Fortsetzung)

	Relativ in %	Ü 30 Relativ	Gen Y Relativ
Eindämmung des demografischen Wandels	26,4	27,8	26,1
Langfristig positiver Einfluss auf die Wirtschaft	24,5	27,8	23,9
Steigendes soziales Engagement	23,6	16,7	28,3
Mehr Toleranz	39,1	16,7	43,5
Mehr kulturelle Vielfalt	46,4	55,6	44,6
Wachsendes Gemeinschaftsgefühl in der Gesellschaft	21,8	16,7	22,8
10. Wege der Integration Was ist für die erfolgreiche Integration von Flüchtlingen in Deutschland notwendig?			
Nichts	0,0	0,0	0,0
Mehr Anpassungsbereitschaft vonseiten der Flüchtlinge	16,4	66,7	17,4
Deutschkurse für alle Flüchtlinge von Beginn an	81,8	83,3	81,5
Aufklärung über kulturelle und religiöse Unterschiede für die Flüchtlinge	41,8	44,4	41,3
Aufklärung über kulturelle und religiöse Unterschiede für Deutsche	22,7	11,1	25,0
Förderung gemeinsamer Sport- und Freizeitangebote	20,0	11,1	21,7
Besserer Zugang zu Bildung für Flüchtlingskinder (z. B. Willkommensklassen)	45,5	50,0	44,6
Tandem-/Mentoringprogramme	14,5	16,7	14,1
Erleichterter Zugang zum Arbeitsmarkt für Flüchtlinge	51,8	66,7	48,9
11. Persönlicher Kontakt In welchen der folgenden Bereiche würdest du dir mehr Kontakt zu Flüchtlingen wünschen?			
In keinem	8,2	11,1	7,6
Sport	16,4	16,7	16,3
Tandem-/Mentoring-Programme	26,4	22,2	27,2
Über kulturelle Aktivitäten (z. B. Tanzen, Musizieren, Theater, Kochen)	64,5	55,6	66,3
Selbst Sprachunterricht geben	39,1	38,9	39,1
Im beruflichen Kontext	25,5	38,9	22,8

Literatur

Albert, M. Hurrelmann, K., Quenzel, G., & TNS Infratest Sozialforschung. (2015). 17. Shell Jugendstudie: Jugend 2015. http://www.shell.de/ueber-uns/die-shell-jugendstudie-2015/multimediale-inhalte/_jcr_content/par/expandablelist_643445253/expandablesection.stream/1456210165334/d0f5d09f09c6142df03cc804f0fb389c2d39e-167115aa86c57276d240cca4f5f/flyer-zur-shell-jugendstudie-2015-auf-deutsch.pdf. Zugegriffen: 1. Apr. 2016.

ARD-aktuell/tagesschau.de. (2016). Sachsen-Anhalt. Umfragen Wähler nach Altersgruppen. *Wahl.tagesschau.de*. https://wahl.tagesschau.de/wahlen/2016-03-13-LT-DE-ST/umfrage-alter.shtml. Zugegriffen: 20. März 2016.

Bendarczyk, S. (29. September 2015). Liste der Brandanschläge auf Unterkünfte: Hundertzweiundzwanzig Mal Hass.*Taz.de*. http://www.taz.de/!5235937. Zugegriffen: 30. März 2016.

Bundesamt für Verfassungsschutz. (2015). *Verfassungsschutzbericht 2015*. (Hrsg). Berlin: Bundesministerium des Innern.

Deutsche Wirtschafts Nachrichten. (2012). Warum die Welt die „German Angst" vor einer Inflation ernstnimmt. 8. Dezember 2012. http://deutsche-wirtschafts-nachrichten.de/2012/12/08/warum-die-welt-die-german-angst-vor-einer-inflation-ernstnimmt. Zugegriffen: 15. März 2016.

Esser, H. (2001). Integration und ethnische Schichtung. Zusammenfassung einer Studie für das „Mannheimer Zentrum für Europäische Sozialforschung". fes online Akademie. http://library.fes.de/pdf-files/akademie/online/50366.pdf. Zugegriffen: 21. März 2016.

Fieseler, F. (2010). *Personalmanagement für Generation Y: Implikationen des Wertewandels für Unternehmen im Dienstleistungssektor*. Unveröffentlichte Diplomarbeit, Köln, Universität Köln.

Heine, H. (18. August 2015). Flüchtlinge in Berlin – Ärztekammer kritisiert Zustände vorm Lageso. *Der Tagesspiegel*. http://www.tagesspiegel.de/berlin/fluechtlinge-in-berlin-aerztekammer-kritisiert-zustaende-vorm-lageso/12203250.html. Zugegriffen: 30. März 2016.

Hesse, G. (2014). Wie die Generation Y die Arbeitswelt verändern wird. The Huffington Post in Zusammenarbeit mit Focus (Blog), 29. April 2014. http://www.huffingtonpost.de/gero-hesse/wie-die-generation-y-die-arbeitswelt-verandern-wird_b_5224965.html. Zugegriffen: 15. März 2016.

Hurrelmann, K., & Albrecht, E. (2014). *Die Heimlichen Revolutionäre: Wie die Generation Y unsere Welt verändert*. Weinheim: Beltz.

Kaye, B., & Jordan-Evans, S. (2008). *Love 'Em or Lose 'Em: Getting Good People to Stay*. San Francisco: Berrett-Koehler.

Kring, T. (2013). *Generation Y – Anforderungen an Personal- und Organisationsentwicklung. ADG Business School an der Steinbeis-Hochschule Berlin. ADG-Argumente*. Montabaur: Akademie Deutscher Genossenschaften ADG.

Kupperschmidt, B. R. (2000). Multigenerational employees: Strategies for effective management. *The Health Care Manager, 19*, 65–76.

Müller, E. (30. Oktober 2015). Die Unfreiheit entsteht im Kopf. *Frankfurter Rundschau*. http://www.fr-online.de/freiheit/die-unfreiheit–entsteht-im-kopf,31839204,32296694.html. *Zugegriffen: 1. Apr. 2016*.

Nieberding, M. (22. November 2015). Terror: Wir haben keine Angst. *Zeit Magazin.* http://www.zeit.de/zeit-magazin/leben/2015-11/generation-y-angst-deutschland-einwanderer. Zugegriffen: 1. Apr. 2016.
Rauschenbach, T. (2009). „Kinder in Deutschland" – eine Bilanz empirischer Studien. *DJI Bulletin, 85.* http://www.webcitation.org/5rcC1cQSS. Zugegriffen: 29. März 2016.
Rettig, D. (11. April 2013). „Studie: Worauf Die Generation Y Wert Legt." *Wirtschafts Woche Online* (wiwo.de). Handelsblatt GmbH. http://www.wiwo.de/erfolg/beruf/studie-worauf-die-generation-y-wert-legt/8050782.html. Zugegriffen: 27. März 2016.
Sator, K., & Trampe, A. (2015). Aktueller Begriff – Chronik islamistischer Terroranschläge in Europa seit 2004. Deutscher Bundestag, 12. Januar 2015. https://www.bundestag.de/blob/352976/566a1d7c2d6f86ac895b34dc0dc70f9e/islamistische-terroranschlaege-data.pdf. Zugegriffen: 1. Apr. 2016.
Schneider, J., Crul, M., & Lelie, F. (2015). *Generation Mix: Die superdiverse Zukunft unserer Städte und was wir daraus machen.* Münster: Waxmann.
Shell Jugendstudie. (2015). Konfliktlinien und Toleranz. http://www.shell.de/ueber-uns/die-shell-jugendstudie/multimediale-inhalte/_jcr_content/par/expandablelist/expandablesection.stream/1456150713790/0e2ae100830e49dcf44232df39c45047d7368c72c52f5312cd4e9e30f1022911/shell-jugendstudie-konfliktlinien-und-toleranz.pdf. Zugegriffen: 5. Sept. 2016.
Simantke, E., & Böhme, C. (9. September 2014). Neue Studie des UN-Hilfswerks Unicef – Flüchtlingskinder in Deutschland massiv benachteiligt. *Der Tagesspiegel.* http://www.tagesspiegel.de/politik/neue-studie-des-un-hilfswerks-unicef-fluechtlingskinder-in-deutschland-massiv-benachteiligt/10674664.html. Zugegriffen: 31. März 2016.
Smola, K. W., & Sutton, C. D. (2002). Generational differences: Revisiting generational work values for the new millennium. Journal of Organizational Behavior,*23*(4), 363–382.
Spanhel, H. (26. April 2016). Rechtsextremismus – Wenn Helfer Opfer rechter Übergriffe werden. http://www.sueddeutsche.de/politik/rechtsextremismus-wenn-helfer-opfer-rechter-uebergriffe-werden-1.2966753. Zugegriffen: 28. Apr. 2016.
Statistisches Bundesamt. (2014). *Destatis. Bevölkerung: Deutschland, Stichtag, Altersjahre.* Wiesbaden: Statistisches Bundesamt.
Stiftung für Zukunftsfragen. (2015). Was die Bundesbürger für 2016 erwarten. Rückkehr der „German Angst", 16. Dezember 2015. *Forschung aktuell 265*(36). http://www.stiftungfuerzukunftsfragen.de/fileadmin/_migrated/media/Forschung-Aktuell-265-Mehrheit-der-Deutschen-blickt-sorgenvoll-auf-2016.pdf. Zugegriffen: 22. März 2016.
Telefónica Deutschland Holding AG. (2013). Telefónica Global Millennial Studie: Junge deutsche Erwachsene glauben an Technologie, zweifeln aber an Wirtschaft und Politik, 4. Juni 2013. https://www.telefonica.de/fixed/news/5094/telefonica-global-millennial-studie-junge-deutsche-erwachsene-glauben-an-technologie-zweifeln-aber-an-wirtschaft-und-politik.html. Zugegriffen: 31. März 2016.
Uba, M., Dark, J., Duquette, M., Yendt, M., Gnatek, M., & Gallant, B. 2011. "Generation Y and Work/Life Balance What Are Their Expectations?" Research Report 2011. Seanlyons.ca. Sean Lyons, Januar 2012. http://seanlyons.ca/wp-content/uploads/2012/01/WLB.pdf. Zugegriffen: 29.März 2016.

Literatur

VICE Staff. (2013). Ich habe in einem deutschen Asylheim gelebt. Aus der Kolumne „Flüchtlinge in Deutschland", 3. Dezember 2013. http://www.vice.com/de/read/i-make-girl-love-me-make-baby-marriage-passport-asylheim-fluechtlinge-asyl. Zugegriffen: 30. März 2016.

YouGov. (2016). Alternative für Deutschland-Anhänger. YouGov Profiles LITE, 15. März 2016. https://yougov.de/opi/profileslite#/Alternative_fur_Deutschland/demographics. Zugegriffen: 26. März 2016.

Integration von Geflüchteten in das deutsche Wirtschaftssystem – Probleme, Potenziale, Perspektiven

Kaum ein Thema spaltet die Gesellschaft mehr als die Frage, wie sich die Geflüchteten in den deutschen Arbeitsmarkt integrieren lassen. Neben Qualifikationen, die oftmals wenig mit den Anforderungen und Erwartungen deutscher Arbeitgeber kompatibel sind, stellen auch kulturelle Unterschiede eine nicht zu unterschätzende Integrationshürde dar.

Die Flüchtlingskrise erfordert insbesondere auf Unternehmens- und Staatsebene ein Umdenken hinsichtlich wirtschaftlicher Fragen sowie eine Neuausrichtung altbewährter Strukturen. Trotz der hohen organisatorischen und finanziellen Belastung gilt es, die gegenwärtige Situation nicht als komplexe Störung eines ansonsten reibungslos laufenden Wirtschaftsapparates zu sehen, sondern sie als Chance zu begreifen, durch ausgereiftes Diversity-Management und unternehmerischen Einsatz Neues zu schaffen. Die Generation Y zeigt, ihrem Ruf politischen Desinteresses zum Trotz, durch innovative Projekte auf, wie erfolgreiche Integration aussehen kann.

Im Folgenden geht es um die Frage, welche Rolle Geflüchtete für die deutsche Wirtschaft spielen können und wie sie sich am besten in das ökonomische Geflecht integrieren lassen. Unter Bezugnahme auf Stellungnahmen von Experten aus Wirtschaft, Politik und Medien werden verschiedene Ansätze und Initiativen vorgestellt. Während viele Publikationen zu diesem Thema allein auf die komplexen Einstellungsbedingungen für Migranten mit Fluchthintergrund eingehen, rückt dieses Kapitel auch die Potenziale der ausländischen Arbeitskräfte unter Einbeziehung kultureller Hintergründe in den Fokus.

5.1 Profil und Situation der Geflüchteten im Kontext des deutschen Arbeitsmarktes

Der deutsche Arbeitsmarkt steht 2016 vor der Aufgabe, Hunderttausende Geflüchtete zu integrieren. Experten wie der deutsche Politiker und Vorstand der Bundesagentur für Arbeit, Detlef Scheele, sehen der drohenden Überlastung des Arbeitsmarkts eher gelassen entgegen, da die Flüchtlinge zunächst mangels deutscher Sprachkenntnisse nicht mit anderen Erwerbssuchenden in direkter Konkurrenz stehen, so Scheele dazu (Gatzke und Frehse 2. Mai 2016). Als Hilfskräfte im Niedriglohnsektor stünden sie nur denjenigen deutschen Arbeitssuchenden im Weg, die nur einen geringen Bildungsabschluss aufweisen können oder über ähnliche Probleme wie sprachliche Barrieren verfügten.

Um den Geflüchteten die Möglichkeit zu geben, zukünftig auch in anderen Sektoren als nur im Niedriglohnsektor eine Beschäftigung zu finden (siehe Abb. 5.1), rät Scheele, viel Geld und Zeit in deren Ausbildung zu investieren (Gatzke und Frehse 2. Mai 2016). Wie viele andere sieht auch er in den Tausenden jungen Menschen das Potential, den momentanen Aufschwung des Arbeitsmarkts zu festigen. Schließlich sind 70 % der Geflüchteten unter 35 Jahre alt, 59 % gar unter 25, und fast alle sehnen sich nach einem Beruf, um ihre Familien zu ernähren und das Selbstwertgefühl durch Arbeit zu steigern. Dies könne für zahlreiche Unternehmen wie eine „Verjüngungskur" wirken, schätzen Experten

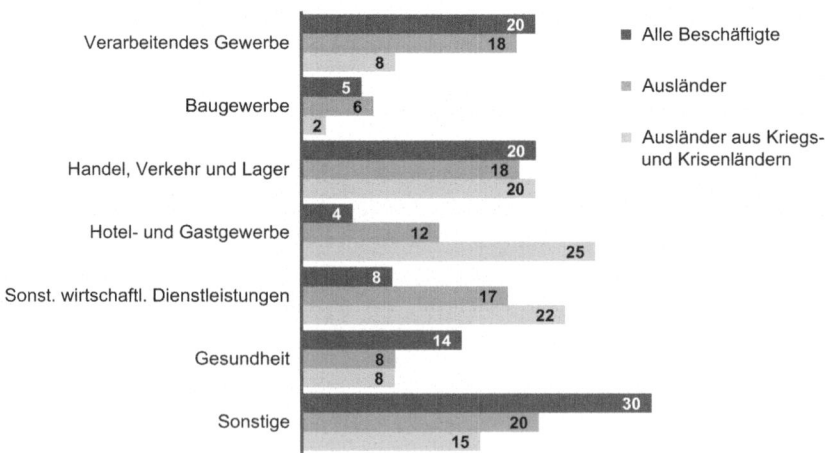

Quelle: Statistik der Bundesagentur für Arbeit, eigene Berechnung.

Abb. 5.1 Beschäftigung nach Wirtschaftszweigen. März 2015, Anteil der Beschäftigten der jeweiligen Personengruppe in Prozent. (Quelle: IAB 2015, S. 9)

des Nürnberger Instituts für Arbeitsmarkt- und Berufsforschung (IAB) (Die Welt 2016). Zwar sind die von ihnen mitgebrachten Fertigkeiten und Erfahrungen nicht komplett deckungsgleich mit den Anforderungen deutscher Arbeitgeber, aber mit Kreativität und Motivation ließen sich daraus ganz neue Berufszweige kreieren.

Dem steht gegenüber, dass viele Geflüchtete nachweislich über keine für den deutschen Arbeitsmarkt erforderliche Qualifikation verfügen. Obwohl bislang keine systematische Erhebung über das Ausbildungsniveau vorliegt, können mittels der erteilten Selbstauskünfte der Migranten beim Bundesamt für Migration und Flüchtlinge (BAMF) erste Prognosen gewagt werden. Demzufolge haben lediglich 13 % der von BAMF-Mitarbeitern befragten Einwanderer (im Alter von 18 bis 69 Jahren) eine Hochschule besucht, 17,5 % ein Gymnasium, 30 % Sekundarschulen, 24 % Grundschulen, und acht Prozent haben bisher keine Schule besucht (Brücker et al. 2015, S. 4). Die amtliche Statistik der Bundesagentur für Arbeit legt nahe, dass „87 % der Erwerbslosen aus Kriegs- und Bürgerkriegsländern über keine abgeschlossene Berufsausbildung" verfügen (Brücker et al. 2015, S. 5).

Darüber hinaus besitzen laut Institut für Entwicklung und soziale Integration (DESI) nur knapp 15 % der Geflüchteten ein aussagekräftiges Zeugnis mit Dauer und einer Auflistung der in Ausbildung oder Studium erworbenen Kompetenzen, das von deutschen Arbeitgebern anerkannt werden könnte (Aumüller 2016, S. 15). Das vom BAMF durchgeführte Anerkennungsverfahren vergleicht hierzu den von den Geflüchteten im Heimatland erworbenen Abschluss mit einem deutschen Äquivalent, um Qualifikationsunterschiede festzustellen (Bundesamt für Migration und Flüchtlinge 2016a).

Dies stellt – neben den teils strengen Bestimmungen des Aufenthaltsgesetzes und der Beschäftigungsverordnung – eine weitere Hürde für eine möglichst rasche Integration der Geflüchteten in den Arbeitsmarkt dar. Auch die vom BAMF im Januar 2016 veröffentlichte Asylantragsquote von männlichen Migranten von 66 % (Bundesamt für Migration und Flüchtlinge 2016b) könnte den deutschen Arbeitsmarkt durch ein geschlechtsbezogenes Ungleichverhältnis belasten, da „geflüchtete Frauen [...] nur in sehr geringem Ausmaß und deutlich seltener als Männer am deutschen Arbeitsmarkt" (Bundesamt für Migration und Flüchtlinge 2016c, S. 1) partizipieren.

Laut der im Auftrag der Heinrich-Böll-Stiftung durchgeführten Studie „Teilhabegesellschaft – Gewinn der Integration" des Mannheimer Zentrums für Europäische Wirtschaftsforschung (ZWE), würden sich die Kosten einer gescheiterten Integration auf rund 400 Mrd. EUR belaufen. Gelänge es jedoch, die Flüchtlinge einzugliedern, so entstünde ein Gewinn in Form zusätzlicher Staatseinnahmen von 20 Mrd. EUR (Schieritz 27. April 2016). Laut Bertelsmann-Stiftung ist die Arbeitsmarktintegration von Geflüchteten ein „Gesamtprozess", der „neben der eigentlichen Anpassung an die Nachfrage nach Arbeitskraft die besonderen Lebensumstände dieser Personengruppe mitberücksichtigen muss" (Aumüller 2016, S. 17). Dabei spielen folgende Parameter eine Rolle (Aumüller 2016, S. 18 f.):

- Rechtliche und soziale Integration Asylverfahren, Wohnen und Familiennachzug
- Arbeitsmarktintegration (frühzeitiger Einstieg in das Sprachenlernen, Qualifikations- und Kompetenzfeststellung, Berufsorientierung, Übergang in Ausbildung und Beruf, Integration in Ausbildung und Beruf und flexibler Umgang mit den einzelnen Qualifizierungsbausteinen)
- Beratung und Begleitung

Hilfe bei der beruflichen Weiterqualifizierung zahlt sich demnach aus, nicht nur für die Geflüchteten selbst. Allein dies scheint Grund genug, möglichst viele Ressourcen in das Projekt Integration zu investieren, zumal laut BAMF 84,7 % der befragten Migranten angeben, für immer in Deutschland bleiben zu wollen (Bundesamt für Migration und Flüchtlinge 2016c, S. 8). Im Wochenbericht des Deutschen Instituts für Wirtschaftsforschung (DIW) bezeichnen die deutschen Ökonomen Marcel Fratzscher und Simon Junker die Eingliederung der Geflüchteten als „langfristig lohnende Investition", bei der die daraus resultierenden „positiven wirtschaftlichen Impulse" (Fratzscher und Junker 2016, S. 1) die kurzfristig hohen Kosten übertreffen würden.

Statistiken belegen: Die Arbeitsmarktintegration braucht vor allem Zeit. Bereits „15 Jahre nach dem Zuzug lassen sich […] keine Unterschiede zwischen Flüchtlingen und anderen Gruppen" in Bezug auf die Beschäftigungsquote mehr feststellen, gibt das Institut für Arbeitsmarkt- und Berufsforschung (IAB) in einer 2014 veröffentlichten Migrationsstudie an (IAB 2014, S. 10) (siehe Abb. 5.2). Dennoch bleiben die Löhne meist langfristig unter denjenigen von Migranten aus Nichtkriegsländern: Das Durchschnittseinkommen von Flüchtlingen fällt im ersten Zuzugsjahr noch 400 EUR geringer aus als das anderer Migranten, die Spanne reduziert sich jedoch nach 15 Jahren auf 300 EUR (IAB 2014, S. 10).

An dieser Stelle bedarf es nicht allein der Verbesserungen institutioneller Rahmenbedingungen, sondern auch der Bereitschaft seitens deutscher Arbeitgeber, Geflüchtete trotz anderer Qualifikationen als gleichwertige Arbeitskräfte anzunehmen und damit auch gleichwertig zu entlohnen, wie eine Studie des Instituts für Demokratische Entwicklung und Soziale Integration (DESI) hervorhebt. Die Leiterin Jutta Aumüller hält „weitere Ausnahmen vom Mindestlohn […] für nicht zielführend", da dies „das Abrutschen in den informellen Sektor"

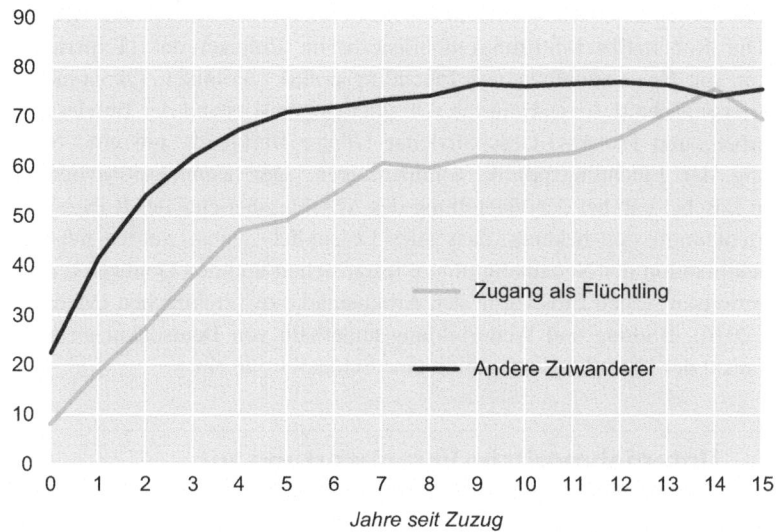

Abb. 5.2 Beschäftigungsquote von Zuwanderern im Zeitverlauf, nach Zugangsweg in prozent. (Quelle: IAB 2015, S. 10)

(Aumüller 2016, S. 6 f.), prekäre Beschäftigungsverhältnisse oder Langzeitarbeitslosigkeit begünstige. Niedrigschwellige Arbeitsangebote sollten dem Institut zufolge stets dem Ziel der „langfristigen Heranführung an den regulären Arbeitsmarkt" (Aumüller 2016, S. 7) folgen, um die Integration Geflüchteter tatsächlich zu realisieren.

Die Bundesagentur für Arbeit konzentriert ihre Bemühungen, Geflüchtete in den Arbeitsmarkt zu integrieren, auf ihr am 1. Dezember 2015 vorgestelltes Zwölf-Punkte-Programm, in dessen Rahmen „mehr Wohnungen und mehr Sprachkurse", „mehr Lehrer und mehr Erzieherinnen, 80.000 zusätzliche Kitaplätze" (Borstel 30. Dezember 2015) und 100.000 „Ein-Euro-Jobs" für Flüchtlinge bereitgestellt werden. Dadurch sollen Geflüchtete laut Arbeitsministerin Andrea Nahles die typischen Arbeitsweisen in Deutschland kennenlernen, Kontakte zu Arbeitgebern knüpfen und ihre Sprachkenntnisse verbessern (Astheimer 16. April 2016). An der oftmals vorhandenen Qualifikationslücke ändere dies laut Experten allerdings wenig. Nur durch Bildung und Weiterbildung ließe sich das bestehende Ungleichgewicht vom Angebot an niedriger Qualifikation zu der Suche nach gut ausgebildeten Mitarbeitern nachhaltig regulieren. Das lässt sich aber nur langfristig umsetzen und führt kurz- und mittelfristig dazu, dass eine große Zahl von Geflüchteten im berufsfähigen Alter keine Arbeit findet. Die Robert-Bosch-Stiftung mobilisierte im Rahmen der „Expertenkommission zur Neuausrichtung der Flüchtlingspolitik" Politiker, Ökonomen und Kulturwissenschaftler wie Heinrich Alt, ehemaliger Vorstand der Bundesagentur für Arbeit, und Pro-Asyl-Geschäftsleiter Günter Burkhardt, um eine Neuausrichtung der Flüchtlingspolitik voranzutreiben. Der Kommissionsvorsitzende Armin Laschet gab bei der Vorstellung des Abschlussberichts der Robert-Bosch-Expertenkommission bekannt, dass alles Erdenkliche getan werden müsse, um die Qualifikation der Neuankömmlinge festzustellen und den Geflüchteten durch Integrationskurse den Einstieg in den Arbeitsmarkt zu vereinfachen (Menkens 6. April 2016). Bildung und Weiterbildung außerhalb von Deutschkursen nehmen im Kontext der Flüchtlingsintegration eine Schlüsselrolle ein.

5.2 Unternehmerische Verantwortung zur Integration – Projekte und Initiativen

Unternehmen engagieren sich seit dem Beginn der Flüchtlingskrise mit Aktionen zur Integration in verschiedener Weise, direkt oder indirekt, kurz-, mittel- und langfristig. An dieser Stelle sind Unternehmer und Unternehmen gefragt, die den arbeitssuchenden Migranten durch offene Ausbildungsplätze und bezahlte Praktika Chancen einräumen, sich zu involvieren. Der Automobilersteller Daimler bietet Geflüchteten seit 2016 sogenannte Brückenpraktika an: Für 14 Wochen erhalten rund 300 Asylbewerber einen Praktikumsplatz in technischer Funktion, einen kostenlosen Deutschkurs mit Bewerbungstraining sowie den für die Arbeit in der Produktion gesetzlich festgelegten Mindestlohn (Daimler AG 2016). Zudem bekommen die ersten 40 Teilnehmer des Programms nach der Teilnahme „Angebote von Zeitarbeitsfirmen für eine Weiterbeschäftigung in der Industrie, im Handwerk oder einen Ausbildungsplatz bei Daimler" (Daimler AG 2016). Weitere Praktikaplätze in kaufmännischen Funktionen sollen folgen.

Die Mitarbeiter des Sportartikelherstellers Adidas verzichteten auf Anregung des Vorstands 2015 auf ihre Weihnachtsfeier, um 500.000 EUR an verschiedene Flüchtlingshilfsorganisationen zu spenden (Ritzer 10. Februar 2016) Auch die Airbus Group nutzte ihr mobiles Know-how und stellt dem Deutschen Roten Kreuz (DRK) auf unbegrenzte Zeit eine fahrbare Gesundheitsstation für die medizinische Versorgung von Flüchtlingen zur Verfügung (Wir zusammen 2016a).

Andere Unternehmen wie die Lufthansa AG übernehmen als Mentoren Patenschaften für Lernprojekte zur Förderung junger Migranten, um diese auf den zukünftigen Arbeitsmarkt vorzubereiten. Das im Dezember 2015 begonnene

Projekt in Zusammenarbeit mit dem Hamburger Verein basis & woge erhöht durch intensive, individuelle Lernbegleitung die „weiteren Chancen zu einer beruflichen Ausbildung für die jungen Migranten" (Wir zusammen 2016b). Dazu zählt auch die Unterstützung bei Behördengängen. Sowohl Mentoren als auch Mentees profitieren durch den interkulturellen Austausch von der Initiative.

Seit mehreren Jahren gibt es in Deutschland in der Flüchtlingshilfe neben zahlreichen ehrenamtlich engagierten Einzelpersonen und Unternehmen auch eine Vielzahl an neu gegründeten Initiativen und Organisationen, die sich mit der Integration von Flüchtlingen in Deutschland befassen. Dies reicht von deutschlandweiten Engagements, die sich auf nur einen Bereich wie Sprachunterricht konzentrieren, bis hin zu regionalen Zentren, die sich generationenübergreifend und umfassend um die Integration der Geflüchteten in das regionale Umfeld kümmern.

Die von Mareike Geiling gegründete Initiative „Flüchtlinge Willkommen" hilft Flüchtlingen, eine Wohnung in Deutschland zu finden. Auf einer digitalen Plattform bringt der Verein geflüchtete Wohnungssuchende mit Personen in Verbindung, die Wohnraum zu vergeben haben. Neben Mareike Geiling zählt auch die Mitinitiatorin der Initiative „Joblinge", Ulrike Garanin, zu den 25 Frauen, die laut dem digitalen Magazin Edition F „unsere Welt besser machen" (Edition F GmbH 2016). Joblinge erleichtert Jugendlichen den Übergang von der Schule ins Berufsleben, indem sie sich an über 20 Standorten in Deutschland um die kompliziertesten Fälle kümmern. Ihr Programm „Joblinge Kompass" richtet sich an gering qualifizierte Flüchtlinge mit hoher Bleibewahrscheinlichkeit im Alter von 18 bis 25 Jahren. Unter der Feder des Joblinge-Teams sammeln die jungen Geflüchteten möglichst kurz nach ihrer Ankunft bereits erste Erfahrungen auf dem Arbeitsmarkt, um anschließend eine arbeitsbegleitende Ausbildung zu beginnen. Auch Garanin ist davon überzeugt, „dass Arbeit die grundlegendste Voraussetzung einer erfolgreichen Integration" (Joblinge 2016) bildet.

Einen ähnlichen Ansatz verfolgt die Bertelsmann Stiftung (Abb. 5.3) mit ihrer im April 2016 gestarteten Initiative „BE Welcome". In Kooperation mit dem Jobcenter Kreis Gütersloh werden Flüchtlinge im Alter von 18 bis 25 Jahren durch ein duales Programm „umfassend und vor allem langfristig" (Bertelsmann Stiftung 2016a) auf eine daran anschließende Ausbildung vorbereitet, so Anna Terletzki, Sozialpädagogin und Projektleiterin von „BE Welcome". In den ersten drei Monaten erwerben die Teilnehmer die für eine Ausbildung wesentlichen Sprachkenntnisse, um in der zweiten Phase mehrere sechswöchige Orientierungspraktika in kooperierenden regionalen Unternehmen zu absolvieren. „Im Idealfall mündet eins der Praktika dann in die dritte Phase, die Einstiegsqualifizierung", während der die Teilnehmer neben der Lehre die Berufsschule besuchen (Bertelsmann Stiftung 2016a).

Abb. 5.3 Engagement der Bertelsmann-Stiftung für die Integration Geflüchteter in den deutschen Arbeitsmarkt. (Quelle: Bertelsmann Stiftung 2016b)

Auch Unternehmen im Dienstleistungsbereich wie Hotels und Restaurants können zur Integration der Geflüchteten in den deutschen Arbeitsmarkt beitragen. Das Estrel Hotel Berlin veranstaltete im Februar 2016 eine in den eigenen Räumen stattfindende Jobbörse mit über 200 Berliner Unternehmen und Beratungsorganisationen, um den Geflüchteten einen ersten Überblick über Angebote zu Jobs und Berufsausbildung zu vermitteln (Estrel Congress & Messe Center 2016).

Die Kontaktaufnahme mit potenziellen Arbeitnehmern erleichtern zahlreiche Vermittlungsunternehmen, wie das Bleiberechtsnetzwerk Bridge, die IntegrationslotsInnen in Berlin oder das Projekt „Arrivo – Flüchtling ist kein Beruf". Ein anderer wesentlicher Aspekt bei der Integration von Geflüchteten in den Berufsalltag betrifft die Aufarbeitung psychologischer Traumata durch Erlebnisse der Geflüchteten in ihrem Heimatland oder auf der Flucht. Der Caritasverband bietet hierbei kompetente Hilfestellung in Form organisierter psychologischer Unterstützung (DIHK 2016, S. 47). In ihrem Therapiezentrum für Folteropfer in Köln oder der Beratungsstelle für Flüchtlinge der Stadt Leipzig leistet der Verband psychotherapeutische und soziale Hilfe und trägt damit zu einer ganzheitlichen Integration der Geflüchteten bei (Caritasverband für die Stadt Köln e. V. o. J.).

5.2 Unternehmerische Verantwortung zur Integration ...

5.2.1 Pro Flüchtling

Pro Flüchtling, eine deutschlandweite Initiative, ist in diesem Kontext seit 2014 aktiv. Sie begann mit Aktionen für Flüchtlingskinder und ihre Eltern sowie Informationsbroschüren und Büchern für Kinder und Erwachsene. Seit 2015 setzt sich Pro Flüchtling vor allem umfassend für Arbeitsplätze für Geflüchtete ein, indem sie u. a. eine Online-Plattform zur Jobsuche bereitstellt (Abb. 5.4).

Dafür hat die Initiative ein Kompetenzermittlungsmodul entwickelt, mit dem sich die Qualifikationen, Fähigkeiten und Fertigkeiten der Geflüchteten aufnehmen und auf die Anforderungen des deutschen Arbeitsmarktes übertragen lassen. Dazu organisiert Pro Flüchtling Veranstaltungen, Gesprächsrunden, Workshops und Einzelberatungsgespräche mit Geflüchteten, in denen die Herausforderungen der Arbeitssuche einfach und für die direkte Umsetzung mit Lösungsbeispielen dargestellt werden (Pro Flüchtling 2016).

Pro Flüchtling qualifiziert dafür Geflüchtete mit guten Sprachkenntnissen zu Trainern und Coaches, die nicht nur bei Geflüchteten durch Übersetzungen unterstützen können, sondern die damit auch Geflüchtete auf den deutschen Arbeitsmarkt vorbereiten können. So etwas ist natürlich einfacher, wenn der Trainer selbst geflüchtet ist und die Ängste, Probleme und die Kultur der Geflüchteten kennt. Denn vielfach fehlt bei der Arbeitssuche das Wissen um das Wie und Was, häufig stellt aber auch die andere Kultur eine Barriere dar. Und nicht zuletzt bewirkt die Unterschiedlichkeit der Ausbildung und der dabei erlernten Fähigkeiten oftmals eine Enttäuschung, dass ein gleich klingender Abschluss nicht die

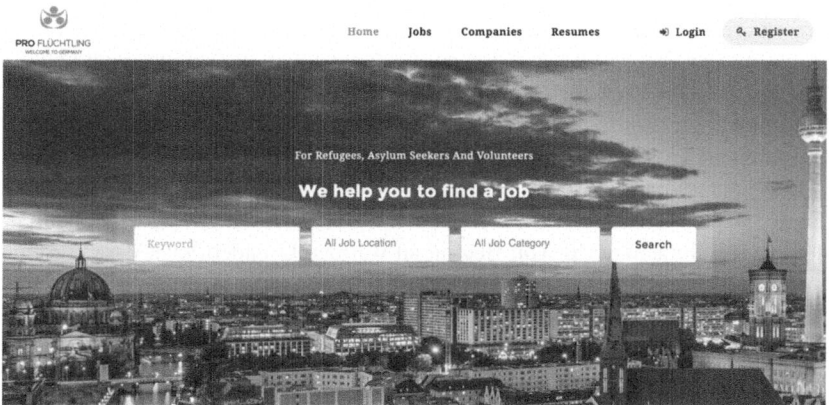

Abb. 5.4 Website der Pro-Flüchtling-Initiative. (Quelle: Pro Flüchtling 2016)

gleichen Möglichkeiten beinhaltet. Pro Flüchtling setzt bei seinem Ansatz auf Hilfe zur Selbsthilfe und auf Verständnis für kulturelle Unterschiede. Sprachkenntnis spielt dabei eine wichtige Rolle, kann aber die genannten Bereiche nicht ersetzen (Pro Flüchtling 2016).

In Kooperation mit der vom Arbeitersamariterbund (ASB) getragenen Flüchtlingsunterkunft Rathaus Wilmersdorf initiierte Pro Flüchtling ein Hochschulprojekt, in dem sich 26 Studierende der SRH Hochschule Berlin langfristig den Bedürfnissen der Geflüchteten annehmen. Die vier Arbeitsgruppen mit den Schwerpunkten „Recht", „Öffentlichkeitsarbeit", „Interview" und „Informationserhebung" verfolgten das Ziel, bestehende Möglichkeiten über Praktika und Ausbildungen in Erfahrung zu bringen und diese an die Geflüchteten zu kommunizieren. Dabei prüften die Studierenden die individuellen sprachlichen, rechtlichen und beruflichen Voraussetzungen der Bewohner, führten Interviews und kümmerten sich um Sprachmittler. Bereits drei Studierendengenerationen engagierten sich im Rahmen des Projekts für die Integration der Geflüchteten in der Unterkunft Rathaus Wilmersdorf, wovon nicht nur die Flüchtlinge selbst, sondern auch die studentischen Teilnehmer profitieren.

5.2.2 Yaar – Bildung, Kultur, Begegnung e. V.

Der Verein „Yaar" wurde 2012 von engagierten Freunden in der Geflüchtetenhilfe gegründet. Das Wort *yaar* stammt aus dem Persischen und bedeutet guter Freund, Helfer, Gefährte, Unterstützer. Geflüchtete Menschen mit anderen aus ihrem Kulturkreis zusammenzubringen und Kontakte mit deutschen Bürgerinnen und Bürgern zu ermöglichen, sind zwei wesentliche Anliegen der Initiative. Ein weiterer Grundsatz von Yaar ist die Inklusion der Geflüchteten in die Vereinsarbeit und die Gesellschaft. Damit ist gemeint, dass Geflüchtete eigene Projekte gestalten und durchführen, an bereits vorhandenen Initiativen aktiv teilnehmen und Verantwortung füreinander übernehmen.

Das Spektrum ihrer Tätigkeiten beinhaltet die Unterstützung bei Behördengängen, Arztbesuchen, in der Asyl- und Integrationsberatung sowie die Durchführung von Sprachkursen. Von Beginn an war den Gründern klar, dass nur eine erfolgreiche Integration zu einem glücklichen Miteinander in Berlin führen kann. Die Herausforderungen der neuen Geflüchtetenwelle bewegten sie dazu, ihre eigenen Projekte zu initiieren.

Yaar machte es sich nach einer Bedarfsanalyse zum Ziel, für die Geflüchteten einen Raum zu schaffen, in dem auf die von ihnen ermittelten Prioritäten eingegangen werden kann: Sprachkurse, Informationsaustausch und Kontakt zu Einheimischen (außerhalb der Wohnheime und der Behörden). Dieser soziale Raum soll ein Ort sein, an dem die Geflüchteten Deutsch lernen, sich versammeln, vernetzen und austauschen können. Zudem soll der Raum Begegnungen zwischen Deutschafghanen und Deutschen ermöglichen, sodass die Flüchtlinge zum einen von Erfahrungen und Tipps profitieren, zum anderen aber auch dem Alltagsstress der Übergangsheime und der überlasteten Behörden entfliehen und wieder lächeln können. In diesem Zusammenhang dienen deutschafghanische Unterstützer aus diversen Branchen als Vorbilder, die ebenfalls einst ihre Heimat verlassen und sich ein neues Leben in Deutschland aufbauen mussten. Durch ehrenamtliches Engagement und ohne Fördermittel ist es dem Verein Yaar 2016 gelungen, den geplanten sozialen Raum Realität werden zu lassen.

Von Januar bis Juni bot der Verein in Kooperation mit der Chance BJS gGmbH zwei Deutschkurse für afghanische Geflüchtete in Berlin Neukölln an. Die Kurse beinhalteten Grundlagen des Alphabets und den Einstieg in das A1-Niveau. Durch ihr Sprach- und Alphabetisierungsangebot konnte Yaar das Vakuum an staatlich zur Verfügung gestellten Deutschkursen für afghanische Geflüchtete füllen. Des Weiteren nutzten sie die gemeinsame Zusammenkunft, um Informationen zu den Themen Asyl, Berlin und Deutschland zu sammeln und auszutauschen. Insgesamt nahmen über 150 Geflüchtete, auch aus entfernteren Orten, das Angebot in Anspruch. Als ehrenamtliche Sprachdozenten dienten hierbei unter anderem eine pensionierte Studienrätin und zwei junge Lehrkräfte. Ferner konnten kleine Lerngruppen gebildet werden, in denen Geflüchtete mit fortgeschrittenen Sprachkenntnissen den anderen im Lern- und Verständnisprozess halfen.

Die Partizipation in der von Yaar geschaffenen Wertegemeinde soll den afghanischen Geflüchteten, deren Volk seit Jahrzehnten und Generationen unter Kriegen leiden muss, dabei helfen, sich reibungslos in eine demokratische Gesellschaft zu integrieren, und sie auf eine Beschäftigung in Deutschland vorbereiten. Durch die Förderung von Bildung und Demokratie ermöglicht der Verein den Geflüchteten Chancengleichheit in der Bildung und auf dem Arbeitsmarkt und klärt sie zu Themen wie Familie, Gleichstellung der Geschlechter, Gesundheit und Verbraucherschutz auf. Lokale, mit dem Verein kooperierende Institutionen stehen den Geflüchteten unterstützend zur Seite.

Durch die Schaffung von sozialen Räumen, in denen Begegnungen und Inklusion stattfinden, Bildung, Kultur und Aufklärung gefördert, Demokratiewerte vermittelt und Partizipation möglich gemacht werden, wird den Geflüchteten und der afghanischen Exilgemeinde geholfen und ein wertvoller Beitrag für die deutsche Gesellschaft geleistet.

5.2.3 Wefugees – Community without borders

Obwohl zahlreiche Hilfsorganisationen und Privatpersonen versuchen, den neu ankommenden Geflüchteten zu helfen, kommt es immer wieder zu Schwierigkeiten bei der Versorgung und zur Überlastung der Hilfsangebote. Durch die hohe Frequentierung der Hilfeleistungen wächst allerdings die Erfahrung mit der Bewältigung von Integrationshindernissen, womit der Ausbau von Strukturen, die das Ankommen erleichtern und effizient gestalten, voranschreitet. Wefugees.de setzt an dieser Stelle an und erleichtert den Weg zur Integration Geflüchteter.

Das soziale Start-up Wefugees macht sich das Internet als hoch-frequentiertes Kommunikationsmedium zunutze, indem es online die einzige spezialisierte Plattform für den Austausch zwischen Geflüchteten, Hilfsorganisationen, engagierten Privatpersonen und allen anderen Interessierten zur Verfügung stellt. Wefugees.de wurde im Januar 2016 von Cornelia Röper ins Leben gerufen und finanziert sich zunächst durch Fördermittel. Eine erste Förderung erhielt die Plattform durch Telefónica und die Deutsche Kinder und Jungendstiftung in Form des „Think Big" Stipendiums, auf das jetzt das von SAP ermöglichte „Startery" Stipendium für sozialinnovative Ideen folgt.

Mithilfe der kumulierten kollektiven Intelligenz der User werden in der Online-Community Fragen zu unterschiedlichsten Themen im Kontext der Flüchtlingsthematik beantwortet, wodurch Asylberatungsstellen sowie Behörden entlastet werden und zeitnah Orientierung gestiftet wird. Da viele Geflüchtete ein Smartphone besitzen, um in Kontakt mit ihren Familien und Bekannten zu bleiben, ist das Online-Portal von Wefugees für viele eine attraktive Möglichkeit, um sich – meist auf Englisch – auszutauschen und neue Kontakte zu knüpfen. Die Plattform bietet den Geflüchteten somit zahlreiche Vorteile:

- Hohe Erreichbarkeit des Online-Portals
- Schnelle Beantwortung von Fragen
- Beseitigung von Sprach- und Hemmschwellen durch ehrenamtliche Übersetzer
- Kontakt zu anderen Geflüchteten in einer ähnlichen Situation

Auch die in der Flüchtlingshilfe tätigen Organisationen und ihre Mitarbeitende profitieren von Wefugees durch:

- Vernetzung der Mitwirkenden
- Verringerung des Andrangs von Fragenden durch effiziente Nutzung des Online-Tools

5.3 Berufseinstiegsmöglichkeiten für Geflüchtete

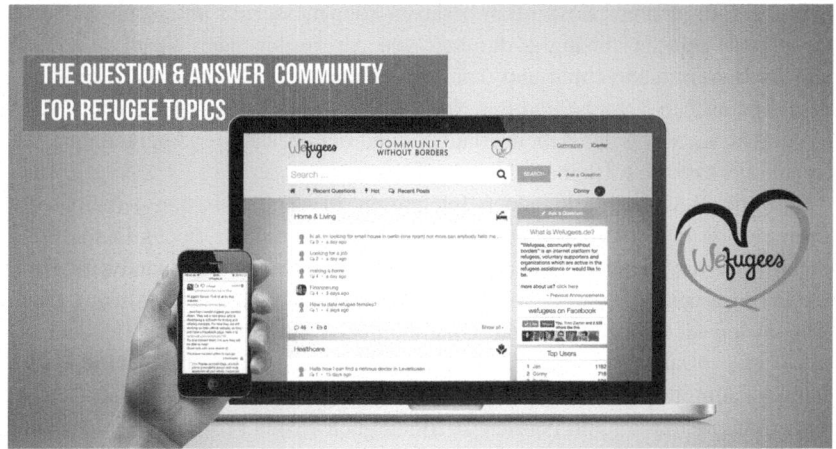

Abb. 5.5 Wefugees stellt Geflüchteten und Integrationshelfern eine Online-Plattform zur Kontaktaufnahme bereit. (Quelle: Wefugees 2016)

- Möglichkeit der Teilnahme als autorisierte Nutzer
- Synergiebildung

Daneben finden offline die „Wefugees-Community-Events" statt, die durch eine Mischung aus Workshops, Panels und Networking Geflüchtete und Helfer gleichermaßen ansprechen sollen. Es werden Experten, Hilfsinitiativen, Geflüchtete und engagierte Leute aus der Region eingeladen, um über ihre Erfahrungen zu sprechen und Fragen zu beantworten. Alle Fragen werden nach den Veranstaltungen gesammelt und der Community auf www.wefugees.de zugänglich gemacht. Die Online-Plattform zeigt (Abb. 5.5), wie der Einsatz neuer Technologien gesellschaftliche Prozesse unterstützten und formen kann. Außerdem belegt die hohe Resonanz, dass weiterhin Bedarf an mehr Austauschmöglichkeiten und Informationen im Umfeld der Integration von Geflüchteten besteht.

5.3 Berufseinstiegsmöglichkeiten für Geflüchtete

Wie Abschn. 5.2 deutlich gemacht hat, engagieren sich sowohl zahlreiche Unternehmen als auch soziale Initiativen für die Integration von Geflüchteten in den deutschen Arbeitsmarkt. Welche konkreten Positionen Geflüchtete in Organisationen und Unternehmen tatsächlich besetzen können, ist sehr unterschiedlich und von vielen Faktoren abhängig, darunter von der vorliegenden Ausbildung bzw. Qualifikation, mitgebrachten und dann anerkannten Zeugnissen, Alter, Kenntnissen der deutschen Sprache und der Nachfrage im regionalen Arbeitsmarkt, zuallererst aber auch von der Arbeitserlaubnis und dem Status der Anerkennung des Asylantrags bzw. dem Bleiberecht.

Einzelne Beispiele gelungener Integration in den deutschen Arbeitsmarkt lassen sich in den Medien finden. Beispielsweise berichtete Focus Online über Flüchtlinge, die bei der Flüchtlingsinitiative „Arrivo" der Handwerkskammer Berlin arbeiten (Fietz 9. Juli 2016). Die Tatsache, dass eine große Zahl an Geflüchteten nicht über geeignete Qualifikationen verfügt, da zum Beispiel nie eine Schule besucht wurde, wie bereits in Abschn. 5.1 diskutiert, wird in den Medien kaum thematisiert. Das Münchener Institut für Wirtschaftsforschung (Ifo) ermittelte, dass Stand Februar 2016 lediglich sieben Prozent aller deutschen Unternehmen und Organisationen Flüchtlinge beschäftigten bzw. dies in den vergangenen zwei Jahren getan haben. Unter den Unternehmen mit mehr als 250 Mitarbeitern lag die Quote bei circa zehn Prozent (Specht 26. Februar 2016).

Dies steht im Gegensatz zu der hohen Zahl an Geflüchteten mit unbeschränktem Arbeitsmarktzugang, die vom Institut für Arbeitsmarkt- und Berufsforschung ermittelt wurde. So hätten laut IAB allein im Jahr 2015 110.000 Flüchtlinge im erwerbsfähigen Alter für eine Beschäftigung zur Verfügung gestanden. Ende des Jahres rechnen die Experten mit über 500.000 zusätzlichen Arbeitskräften (Der Spiegel 2016a). Die Einstellungsbereitschaft für Flüchtlinge auf Unternehmensseite ist laut Ifo mit 34 % im Vergleich zu den vergangenen zwei Jahren (7 %) relativ hoch (Kaufmann 24. Februar 2016) (Abb. 5.6). 68 % der Unternehmer, die bereits Geflüchtete eingestellt haben, wollen laut Ifo in den kommenden zwei Jahren weitere Flüchtlinge einstellen, was auf gute Erfahrungen mit den neuen Arbeitskräften schließen lässt. Laut einer Umfrage des Instituts der deutschen Wirtschaft (IW) sehen 75 % der befragten Arbeitgeber fehlende Deutschkenntnisse als größtes Einstellungshemmnis an. Die geringen fachlichen Qualifikationen sind für 60 % eine weitere entscheidende Hürde, während 50 % der Firmenchefs durch die bestehenden Unsicherheiten in Bezug auf das Aufenthaltsrecht abgeschreckt werden. Nur 17 % führten einen zu hohen Mindestlohn als Argument an (Der Spiegel 2016b).

Welche Berufe für die meisten Geflüchteten zukünftig infrage kommen, untersucht das Bundesministerium für Entwicklung und Zusammenarbeit (BMZ) in einem Pilotprojekt mit dem Titel „Förderung der Ausbildung von jungen Flüchtlingen". An insgesamt zwölf Standorten, u. a. im Bildungs- und Technologiezentrum der Handwerkskammer Halle (BTZ), werden die teilnehmenden

5.3 Berufseinstiegsmöglichkeiten für Geflüchtete

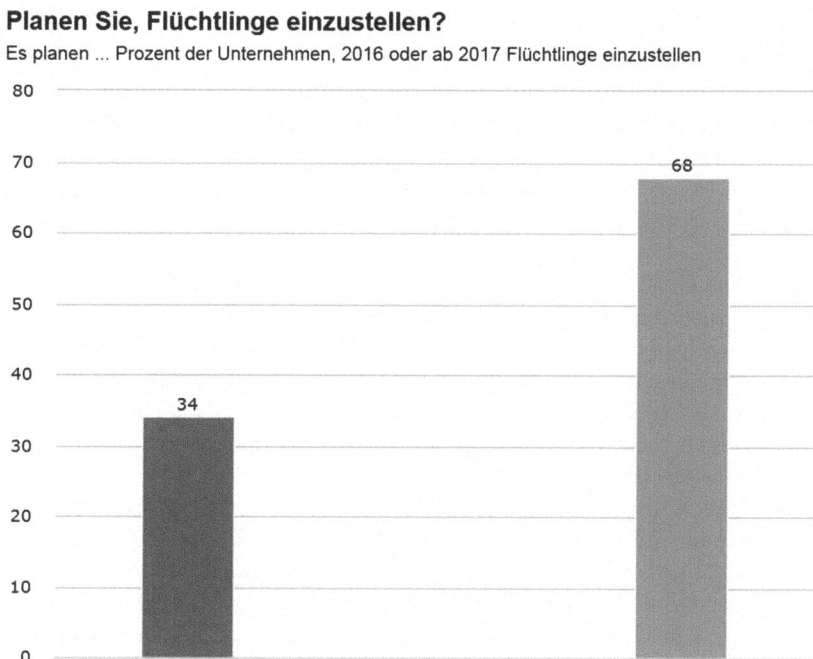

Abb. 5.6 Einstellungsbereitschaft für Flüchtlinge auf Unternehmensseite. (Quelle: Kaufmann 24. Februar 2016, Ifo Randstad Flexindex)

jungen Geflüchteten auf eine duale Ausbildung vorbereitet, indem sie Kenntnisse in unterschiedlichen Baugewerken sammeln (HWK Halle 2015). Den Weg über ein ausbildungsvorbereitendes Praktikum hat auch der Landmaschinenhersteller ACGO für sich entdeckt. In nur drei Monaten wurden vom Unternehmen ausgewählte Geflüchtete an den Beruf des Metallbauers herangeführt. Neben praktischen Tätigkeiten wie Feilen, Entgraten und Schweißen erhielten die Teilnehmenden Deutschunterricht und Einblicke in die Produktion des Unternehmens. Obwohl die Vorbildung der teilnehmenden Geflüchteten „nicht für eine Ausbildung zum Facharbeiter reicht(e)", erhielt ein Teilnehmer „im Anschluss an das Integrationspraktikum eine Stelle als Produktionshelfer" (Heimbach und Wenig 18. März 2016).

Ein im Landkreis Gießen initiiertes Projekt mit dem Titel „Integration Move" ermöglicht fast 2000 Flüchtlingen, maximal sechswöchige Praktika oder zweimonatige Arbeitsgelegenheiten in Form von Ein-Euro-Jobs wahrzunehmen, um sich damit auf eine spätere Erwerbstätigkeit vorzubereiten. Bereits nach fünf Monaten absolvierten 35 Geflüchtete Praktika in Restaurants, im Garten- und Landschaftsbau, in der Gemeinde sowie in einem evangelischen Kirchenzentrum, wobei 16 von ihnen langfristig an Unternehmen vermittelt werden konnten. (Landkreis Gießen 2015).

Auch das in der Nähe von Wolfsburg gelegene Dorf Flechtorf integrierte im April 2016 einen sudanesischen Flüchtling, indem es ihm einen Ausbildungsplatz in der freiwilligen Feuerwehr anbot. Da deutsche Städte erst ab 100.000 Einwohner eine reine Berufsfeuerwehr aufweisen, sieht Hans-Peter Kröger, Präsident des Deutschen Feuerwehrverbandes, die Flüchtlingsproblematik als Chance, die oft unzureichend besetzten freiwilligen Einrichtungen mit Geflüchteten zu füllen und damit erfolgreiche Integration zu betreiben (Gerl 5. April 2016).

Das von Wirtschaftsminister Sigmar Gabriel und DIHK-Präsident Eric Schweitzer vorgestellte Netzwerk „Unternehmen integrieren Flüchtlinge" versteht Praktika im Vorfeld einer möglichen Betriebsausbildung als gute Möglichkeit, Geflüchtete an Unternehmen zu binden (Rövekamp 9. März 2016). Dennoch fürchten viele handwerkliche Betriebe, dass die vom Bund geplante Neugestaltung des Bleiberechts nicht weit genug geht und die Asylsuchenden selbst während ihrer Ausbildung weiterhin vom deutschen Staat in ihre Heimatländer abgeschoben werden können. Die vom Handwerk geforderte Regelung „3 plus 2" soll sowohl Betrieben als auch Geflüchteten Planungssicherheit geben: „Keine Abschiebung während der dreijährigen Ausbildung und den sich anschließenden ersten beiden Beschäftigungsjahren" (Deutsche Handwerks Zeitung 2015). Die mögliche Gesetzesänderung würde eine betriebliche Ausbildung von Geflüchteten zu einer langfristig attraktiveren Option für Unternehmen machen. Die Politik hat das Integrationshemmnis mittlerweile erkannt, sodass die „Duldung" von Flüchtlingen, die sich in der Ausbildung befinden, nur noch einmal pro Jahr verlängert werden muss (Poppe 13. August 2015).

Eine weitere Barriere besteht laut Hans Peter Wollseifer, Präsident des Zentralverbandes des Deutschen Handwerks (ZDH), in der mangelhaften Flexibilität von Ausbildungsunternehmen. Viele Schulen und Betriebe sind auf einen fixen Ausbildungsbeginn im September oder Oktober festgelegt, während Geflüchtete das ganze Jahr über nach Deutschland immigrieren (Poppe 13. August 2015).

Es gibt auch Beispiele, in denen Geflüchtete nach kurzer Zeit eine feste Anstellung in einem Unternehmen oder in einer Organisation angetreten haben. Allerdings liegen keine Zahlen dazu vor, wie hoch der Prozentsatz einer solchen Eingliederung in den deutschen Arbeitsmarkt ist. Sicher ist, dass durch die genannten Umstände, wie die für Unternehmen oftmals unklare Rechtslage einer Anstellung von Geflüchteten sowie die sprachlichen Barrieren, eine schnelle Eingliederung von Geflüchteten mit einer unbefristeten Anstellung eher eine Ausnahme darstellt.

Neben dem Berufseinstieg durch betriebliche Praktika und eine daran anschließende Ausbildung besteht für Geflüchtete auch die niedrigschwellige Option, als Übersetzer für ihre Muttersprache eine Anstellung oder zumindest freie berufliche Tätigkeit zu finden oder in Organisationen bzw. Kulturzentren zu arbeiten, um sich dort den Belangen von Vertriebenen aus den eigenen oder anderen Herkunftsländern anzunehmen. Dazu liegen allerdings keine medialen Quellen vor außer den mündlichen Erfahrungsberichten von Betreibern von Flüchtlingsunterkünften oder Sprachkursen für Geflüchtete. Hier findet man vermehrt Geflüchtete, die ohne oder mit geringfügiger Bezahlung Übersetzungsdienste für andere Geflüchtete übernehmen, zum Beispiel bei Behördengängen, oder die auch eine unterstützende Rolle bei Sprachkursen haben.

5.4 Chancen und Potenziale durch Mitarbeiterschulungen und Diversity-Management

Unternehmensintern gilt es, die bestehende Belegschaft für die Flüchtlingsthematik zu sensibilisieren, indem Führungskräfte auf interkulturelle Herausforderungen hinweisen und zum Beispiel den Migranten Paten bzw. Mentoren zur Seite stellen, die ihnen in der Einarbeitungszeit als erste Ansprechpartner dienen und evtl. Behördengänge sowie die Wohnungssuche erleichtern. Die staatlichen Förderprogramme „Integration durch Qualifizierung" (IQ Fachstelle Interkulturelle Kompetenzentwicklung und Antidiskriminierung 2015) und „Integration von Asylbewerbern und Flüchtlingen" (IvAF) boten im Jahr 2015 jeweils 3000 Sensibilisierungsschulungen und Interkulturelle Kommunikationsschulungen für Unternehmen und Betriebe an; 2016 wurde die Zahl der vom Netzwerk angebotenen und vermittelten Trainings aufgrund der hohen Nachfrage auf jeweils 5000 Seminare erhöht (Aumüller 2016, S. 44). „Themen sind zum Beispiel Diversity Management und interkulturelle Personalentwicklung oder der Abbau von Vorurteilen und Diskriminierung", beschreibt das Netzwerk Integration durch Qualifizierung den Inhalt der Fortbildungen. Ziel des Förderprogramms ist die Schaffung einer flächendeckenden „Anerkennungs- und Qualifizierungsberatung für Ratsuchende mit ausländischen Qualifikationen" sowie die regionale Vermittlung von Beratungen und Trainings an Arbeitsmarktakteure im Kontext der „spezifischen Belange von Migrantinnen und Migranten" (Integration durch Qualifizierung 2016).

Ein Einführungsgespräch am ersten Arbeitstag baut Kommunikationsbarrieren ab und schafft Klarheit für beide Parteien. Auch die Einbindung der Geflüchteten in soziale Rituale im Unternehmensalltag, wie gemeinsame Mittagessen mit Kollegen, sportliche Aktivitäten oder Betriebsausflüge, fördern die Integration (DIHK 2016, S. 46). Im Leitfaden zur Integration von Flüchtlingen in Ausbildung und Beschäftigung des DIHK wird Arbeitgebern zudem die Ausrichtung eines Willkommensfestes empfohlen, das alte und neue Mitarbeiter zusammenführt und eine „Willkommens-Atmosphäre" stiftet (DIHK 2016, S. 46).

Gutes betriebliches Diversity-Management beginnt mit der Einsicht, dass eine hohe personelle Diversität beinahe immer ein angenehmes Arbeitsklima erzeugt, das zuträglich für die individuelle Kreativität der einzelnen Mitarbeiter ist. Wo Frauen und Männer jeglichen Alters aus verschiedenen Nationen mit unterschiedlicher Bildung aufeinandertreffen, entsteht Raum für Neues und Unerwartetes. „Durch die erhöhte Vielfalt der Erfahrungen, Sichtweisen und Arbeitsstile kommen gemischte Gruppen oft zu innovativeren, passenderen und kreativeren Problemlösungen als einheitliche Gruppen" (Integration durch Qualifizierung 2016). Zudem reagieren „vielfältig zusammengesetzte Belegschaften […] auf neue Herausforderungen in einem von stetem Wandel geprägten Umfeld meist flexibler als homogene Belegschaften" (Integration durch Qualifizierung 2016). Interkulturelle Teams unterstützen einander, alles aus verschiedenen Perspektiven zu betrachten, um an eine möglichst große Anzahl gesellschaftlicher Diskurse anzuknüpfen und damit höhere Umsätze zu generieren. Global Player wie BMW sehen die Integration geflüchteter Menschen nicht als Option an, sondern als alternativlos. „Für uns ist es absolut essenziell, Menschen aus den unterschiedlichsten Nationen zu integrieren. Wir haben gar keine andere Wahl. Ansonsten wären wir nicht mehr in der Lage, unser Unternehmen zu führen" (BMW Stiftung 2015a), so der Aufsichtsratsvorsitzende der BMW AG Norbert Reithofer.

Laut dem unternehmerischen Praxis-Leitfaden „Flüchtlinge in den Arbeitsmarkt!" der Charta der Vielfalt e. V. (2015) als auch dem Förderprogramm der Bundesregierung „Integration durch Qualifizierung" gibt es viele Argumente für eine divers zusammengesetzte Belegschaft (Abb. 5.7). Insbesondere für international aktive Unternehmen können die sich bietenden interkulturellen Kompetenzen und sprachlichen Fähigkeiten von Geflüchteten einen wichtigen Mehrwert bieten, in u. a. folgenden Bereichen (Integration durch Qualifizierung 2016, o. S.):

5.5 Integrationsmotor Generation Y

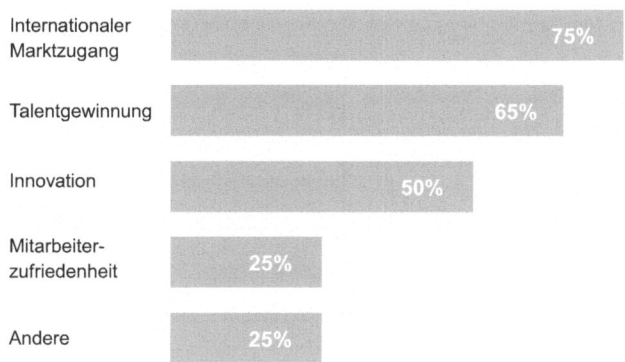

Abb. 5.7 Motivation von Unternehmen für Diversity-Maßnahmen. (Quelle: Roland Berger, Studie Diversity & Inclusion 2012, zitiert nach: DGFP 2014)

- Bessere Verständigungsmöglichkeiten mit Auslandspartnern
- Verbesserte Recherchemöglichkeiten durch Zugang zu Informationsquellen in der Sprache des jeweiligen Ziellandes
- Optimierte Einschätzung von Standortbedingungen an internationalen Investitionsstandorten
- Internationale Recruiting-Möglichkeiten
- Kulturspezifische Marketing-Tätigkeiten
- Kostensenkung durch gute Motivation und weniger Diskriminierungen

Weiterhin sind sowohl länderspezifisches Fachwissen als auch passende Netzwerke für den Arbeitgeber oftmals sehr attraktiv.

Durch innerbetriebliche Integrationsprojekte setzen die für Flüchtlinge offenen Unternehmen ein Zeichen nach außen und zeigen proaktiv, dass sie eine Kultur der Wertschätzung und gegenseitiger Anerkennung für wertvoll erachten. Die Einbindung von Geflüchteten folgt dabei nicht nur den jeweiligen Corporate-Social-Responsibility(CSR)-Maximen der Unternehmen, sondern kann zugleich eine sinnvolle Stärkung des Employer Brandings bedeuten (Integration durch Qualifizierung 2016).

5.5 Integrationsmotor Generation Y

Die Generation Y, also v. a. Personen, die zwischen 1980 und 1990 geboren wurden (vgl. Parment 2009, S. 15), haben nicht nur die hohe Affinität zum Informations- und Kommunikationsmedium Internet gemeinsam (vgl. Rodeck 2014,

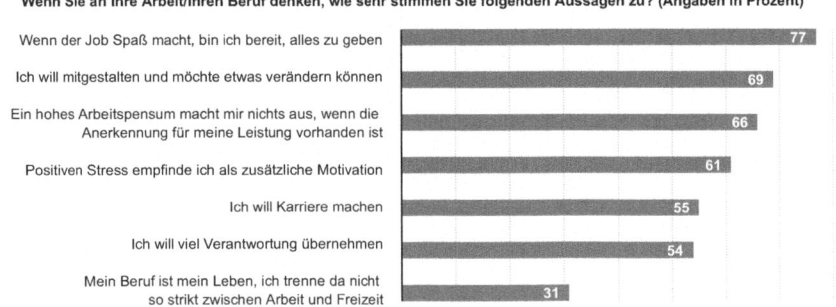

Abb. 5.8 Neues Leistungsdenken. (Quelle: Zukunftsinstitut, zitiert nach: Signium International 2013, S. 37)

S. 13), sondern zeichnen sich laut den Studien dazu auch durch eine liberale Kultur der Begegnung, der Demokratie und interkultureller Wertschätzung aus. „Forderungen nach Open Data, Open Science, Open Education, Open Innovation" und „Open Government" (Signium International 2013, S. 15) zeugen von einer Sharing-Mentalität, die zu individueller Selbstverwirklichung im Berufs- und Privatleben beiträgt (Abb. 5.8).

87 % der Menschen aus dieser Alterskohorte sind der Meinung, dass die Zuwanderung von Menschen aus anderen Ländern der kulturellen Vielfalt Deutschlands zugutekommt (Bayerischer Rundfunk 2016) und sind motiviert, den Wandel mitzugestalten. Die aktuelle Flüchtlingskrise hat viele Mitglieder der Generation Y dazu animiert, sich an sozialen Projekten zu beteiligen oder eigene Initiativen für die Integration Geflüchteter zu gründen.

Als Beispiele für die gelebte wirtschaftliche Integration von Geflüchteten durch die Generation Y lassen sich die Projekte „Refugee Hero", „Social Garden", „Refugees on Rail" und „Über den Tellerrand" anführen. Das Team von „Über den Tellerrand" hat es sich zur Aufgabe gemacht, „Bewusstsein für das Thema Asyl und vor allem die Menschen, die unter diesen Begriff fallen, zu schaffen" (Winchell 29. September 2015a). Dies geschieht durch das Organisieren gemeinsamer Begegnungen zwischen Flüchtlingen und anderen Menschen am Herd. Beim Zubereiten von Speisen und dem anschließenden gemeinsamen Essen wird eine Atmosphäre des gegenseitigen Kennenlernens und Austauschs begünstigt, weiß die Mitgründerin Bontu Guschke. Nebenbei entstand ein Kochbuch, das neben Rezepten aus aller Welt auch die persönlichen Erfahrungen der Geflüchteten wiedergibt, um „viele andere zu inspirieren aufeinander zuzugehen" (Über

5.5 Integrationsmotor Generation Y

den Tellerrand 2016). Darüber hinaus organisiert der Verein regelmäßige multikulturelle Chortreffen, Fußballtrainings, von Flüchtlingen angebotene Zeichenkurse u. v. m.

Ein anderes Konzept verfolgt die gemeinnützige GmbH Social Garden aus Erfurt. Kern ihrer Arbeit ist es, „bisher nicht genutzte und als unwirtschaftlich geltende Flächen für den Nahrungsmittelanbau zu gewinnen, wieder zu beleben und sie nachhaltig und naturnah zu kultivieren" (Social Impact Lab 5. November 2015). In diesem Rahmen erhalten geflüchtete Menschen neben Aus- und Weiterbildungsmöglichkeiten die Chance, durch die anspruchsvolle Arbeit im Grünen traumatische Erlebnisse zu überwinden und neue Perspektiven zu finden (Winchell (23. Dezember 2015b).

Das niederländische Start-up Refugee Hero wurde von Jamal Oulel (25), Ayoub Aouragh (24) und Germaine Statia (23) gegründet und avancierte in kürzester Zeit zu einer Art Airbnb für Flüchtlinge. Die digitale Plattform bietet Zimmer und Apartments für geflüchtete Menschen an, die von Privatpersonen zur Verfügung gestellt werden. „We want to give back humanity to mankind" (Brinded 21. September 2015), erklärt Germaine Statia von Refugee Hero.

Mit dem Sonderpreis des Deutschen Gründerpreises 2016 wurde das soziale Start-up Kiron Open Higher Education von Vincent Zimmer und Markus Kreßler prämiert. Die alternative Universität ermöglicht Geflüchteten durch frei zugängliche ECTS-zertifizierte Online-Kurse einen einfachen und vor allem unbürokratischen Zugang zum Studium. Die besuchten Seminare werden den Studierenden mit Migrationshintergrund von den Kiron-Partneruniversitäten anerkannt, sodass diese gleich in ein höheres Semester einsteigen können, sobald sie die Möglichkeit auf ein Vollzeitstudium als anerkannte Studierende haben (Deutscher Gründerpreis 2016). Obwohl das Projekt mehrfach zu scheitern drohte, haben die beiden Gründer bewiesen, dass sich durch Motivation und einen eisernen Willen viel erreichen lässt. Immer wieder mussten Zimmer und Kreßler ihre Idee und das Konzept vorstellen, bis die erste deutsche Universität Vertrauen in das Projekt fasste und einstieg.

Auch das zu Beginn geringe Eigenkapital war eine Hürde für das gemeinnützige Start-up. Erst nach einer gelungenen Crowdfunding-Kampagne und Fördergeldern von 1,5 Mio. EUR durch die Schöpflin Stiftung, die sich für eine faire Gesellschaft engagiert, waren die ersten finanziellen Schwierigkeiten überwunden (Nedden 3. Juni 2016). 2015 stieg die BMW Herbert Quandt Stiftung mit 100 Stipendien für studierwillige Flüchtlinge ein und erklärte sich bereit, dem Team der Kiron University „über die Spende hinaus beratend zur Seite zu stehen und das weltweite Responsible-Leaders-Netzwerk der Stiftung" (BMW Stiftung 2015b) für das Projekt zu aktivieren. Heute studieren mehr als 1250 Flüchtlinge in vier Fachbereichen an der alternativen Universität (Deutscher Gründerpreis 2016).

Die von der Generation Y gegründeten Start-ups zeigen, dass die Integration von Flüchtlingen hier praktisch gelebt wird, oder mit anderen Worten, wie die digitale Fachzeitschrift T3N die Generation Y in dem Zusammenhang beschreibt: „Anpacken statt pöbeln" (Weck 5. Oktober 2015).

5.6 Schlussfolgerungen

Die Frage danach, ob die Geflüchteten in Deutschland innerhalb der nächsten Jahre erfolgreich in das deutsche Wirtschaftssystem eingegliedert werden können, hängt von vielen Punkten ab. Zahlreiche Studien und Praxisbeispiele belegen, dass Integration durch ein proaktives Vorgehen auf Unternehmensseite möglich ist.

Die Mitglieder der Generation Y gehen mit der Gründung zahlreicher innovativer sozialer Start-ups und einer vorbildlichen Willkommenskultur mit gutem Beispiel voran. Sie zeigen, wozu Menschen aus verschiedenen Kulturen mit unterschiedlichsten Bildungshintergründen fähig sind, sofern man ihnen den nötigen kreativen Raum zugesteht. Im Rahmen der Berliner Initiative „Cucula" lernen Geflüchtete handwerkliche Basisqualifikationen mit dem Schwerpunkt Möbelbau, um in der Werkstatt der „Refugees Company for Crafts and Design" zusammen mit anderen Flüchtlingen, Designern und Pädagogen neue Ideen und Möbelstücke zu entwerfen und zu produzieren. „Ankommen und an der eigenen Zukunft *bauen,* Selbstwirksamkeit erleben, statt verwaltet und abgeschoben zu werden" (Cucula e. V. 2016), lautet die Leitidee von Cucula, mit der sie Geflüchteten ohne Arbeitserlaubnis aus der ihnen auferlegten Passivität befreien möchten.

Im unternehmerischen Kontext bedeutet dies für Führungspersönlichkeiten, sich von der jungen, proaktiv agierenden Unternehmenslandschaft deutscher Großstädte inspirieren zu lassen, um davon wertvolle Kenntnisse für das eigene unternehmerische Vorgehen ableiten zu können. Gelungenes Diversity-Management ist schon heute für viele international agierende Konzerne der Schlüssel zu innerbetrieblicher Flexibilität, motivierten Mitarbeitern und Innovationsstrategien, die das Fortbestehen des Unternehmens auf lange Sicht gewährleisten. Durch die Integration Geflüchteter in den deutschen Arbeitsmarkt könnte nicht nur das demografische Ungleichgewicht Deutschlands verringert, sondern durch die Unterschiedlichkeit in Ausbildung und erlernten Fähigkeiten zudem ein breiteres Spektrum an wirtschaftlichen Anforderungen abgedeckt werden (Zdrzalek 15. Juni 2015).

Literatur

Astheimer, S. (16. April 2016). Mit Ein-Euro-Jobs sollen Flüchtlinge schneller zu Arbeit kommen. *FAZ*. http://www.faz.net/aktuell/wirtschaft/wirtschaftspolitik/koalitionsgipfel-mit-ein-euro-jobs-sollen-fluechtlinge-schneller-zu-arbeit-kommen-14178387.html. Zugegriffen: 11. Juli 2016.

Aumüller, J. (2016). Arbeitsmarktintegration von Flüchtlingen: Bestehende Praxisansätze und weiterführende Empfehlungen. Studie im Auftrag der Bertelsmann-Stiftung. https://www.bertelsmann-stiftung.de/fileadmin/files/Projekte/28_Einwanderung_und_Vielfalt/Studie_IB_Arbeitsmarktintegration_Fluechtlinge_2016.pdf. Zugegriffen: 11. Juli 2016.

Bayerischer Rundfunk. (2016). Generation What? So denkt Deutschland. http://www.generation-what.de/portrait/data/live-and-let-live. Zugegriffen: 11. Juli 2016.

Bertelsmann Stiftung. (2016a). „BE Welcome"-Flüchtlingsprojekt startet. http://www.bertelsmann.de/verantwortung/projekte/projekt/be-welcome-fluechtlingsprojekt-startet.jsp. Zugegriffen: 11. Juli 2016.

Bertelsmann Stiftung. (2016b). Wie kann die Integration von Geflüchteten in Städten und Gemeinden gelingen? https://www.bertelsmann-stiftung.de/de/unsere-projekte/ankommen-in-deutschland/projektnachrichten/wie-kann-die-integration-von-gefluechteten-in-staedten-und-gemeinden-gelingen. Zugegriffen: 11. Juli 2016.

BMW Stiftung. (2015a). Austausch auf Augenhöhe. 1st Berlin Global Forum bringt Entscheider aus 35 Nationen zusammen. http://www.bmw-stiftung.de/menschen-ideen-positionen/austausch-auf-augenhoehe/. Zugegriffen: 11. Juli 2016.

BMW Stiftung. (2015b). Pressemitteilung 1st Berlin Global Forum. http://www.bmw-stiftung.de/aktuelles/aktuelles-detail/article/pressemittei-4/. Zugegriffen: 11. Juli 2016.

Borstel, S. von. (30. Dezember 2015). 100.000 Jobs für Flüchtlinge? – „Nichts als heiße Luft". *Die Welt*. http://www.welt.de/politik/deutschland/article150446323/100-000-Jobs-fuer-Fluechtlinge-Nichts-als-heisse-Luft.html. Zugegriffen: 11. Juli 2016.

Brinded, L. (21. September 2015). Three 20-something entrepreneurs just launched an Airbnb for refugees. *Business Insider UK*. http://uk.businessinsider.com/refugee-hero-startup-airbnb-for-refugees-2015-9?IR=T. Zugegriffen: 11. Juli 2016.

Brücker, H., Hauptmann, A., & Vallizadeh, E. (2015). Flüchtlinge und andere Migranten am deutschen Arbeitsmarkt: Der Stand im September 2015. *IAB Aktuelle Berichte, 14*. Nürnberg: Institut für Arbeitsmarkt- und Berufsforschung.

Bundesamt für Migration und Flüchtlinge. (2016a). Das Anerkennungsverfahren. http://www.bamf.de/DE/Willkommen/ArbeitBeruf/Anerkennung/Anerkennungsverfahren/anerkennungsverfahren-node.html. Zugegriffen: 11. Juli 2016.

Bundesamt für Migration und Flüchtlinge. (2016b). Aktuelle Zahlen zu Asyl. www.bamf.de/SharedDocs/Anlagen/DE/Downloads/Infothek/Statistik/Asyl/statistik-anlage-teil-4-aktuelle-zahlen-zu-asyl.pdf?__blob=publicationFile. Zugegriffen: 11. Juli 2016.

Bundesamt für Migration und Flüchtlinge. (2016c). BAMF-Kurzanalyse. Ausgabe 1/2016 der Kurzanalysen des Forschungszentrums Migration, Integration und Asyl des Bundesamtes für Migration und Flüchtlinge. https://www.bamf.de/SharedDocs/Anlagen/DE/Publikationen/Kurzanalysen/kurzanalyse1_qualifikationsstruktur_asylberechtigte.pdf?__blob=publicationFile. Zugegriffen: 11. Juli 2016.

Caritasverband für die Stadt Köln e. V. (o. J.) Therapiezentrum für Folteropfer. http://caritas.erzbistum-koeln.de/koeln-cv/fluechtlinge_zuwandernde/therapiezentrum_fuer_folteropfer_fluechtlingsberatung. Zugegriffen: 11. Juli 2016.
Charta der Vielfalt e. V. (2015). Flüchtlinge in den Arbeitsmarkt! Praxis-Leitfaden für Unternehmen. http://www.charta-der-vielfalt.de/fileadmin/user_upload/beispieldateien/Bilddateien/Publikationen/Fl%C3%BCchtlinge_in_den_Arbeitsmarkt_-_Charta_der_Vielfalt_2015.pdf. Zugegriffen: 11. Juli 2016.
Cucula e. V. (2016). Refugees Company for Crafts and Design. Konzept. http://www.cucula.org/konzept/. Zugegriffen: 11. Juli 2016.
Daimler AG. (2016). Praktikum bei Daimler baut Flüchtlingen eine Brücke in den Arbeitsmarkt. http://media.daimler.com/marsMediaSite/de/instance/ko/Praktikum-bei-Daimler-baut-Fluechtlingen-eine-Bruecke-in-den.xhtml?oid=9920072. Zugegriffen: 11. Juli 2016.
Der Spiegel (2016a). Hilfsarbeit ja, Schwarzarbeit nein. http://www.spiegel.de/karriere/berufsstart/fluechtlinge-auf-dem-arbeitsmarkt-hilfskraefte-und-co-a-1083454.html. Zugegriffen: 11. Juli 2016.
Der Spiegel. (2016b). IW-Umfrage: Elf Prozent der Firmen wollen Flüchtlinge einstellen. http://www.spiegel.de/wirtschaft/soziales/elf-prozent-der-firmen-wollen-fluechtlinge-einstellen-a-1082705.html. Zugegriffen: 11. Juli 2016.
Deutsche Handwerks Zeitung. (2015). Flüchtlingsgipfel: Bund und Länder einigen sich auf Aktionsplan. http://www.deutsche-handwerks-zeitung.de/fluechtlingsgipfel-bund-und-laender-einigen-sich-auf-aktionsplan/150/3091/295737. Zugegriffen: 11. Juli 2016.
Deutscher Gruenderpreis. (2016). Kiron Open Higher Education gGmbH erhält den Sonderpreis des Deutschen Gründerpreises. https://www.deutscher-gruenderpreis.de/presse/meldung/48-kiron-open-higher-education-ggmbh-erhaelt-den-sonderpreis-des-deutschen-gruenderpreises/. Zugegriffen: 11. Juli 2016.
DGFP. (2014). Vielfalt bereichert Unternehmen. Erfolgreiches Diversity-Management in DGFP-Mitgliedsunternehmen. https://static.dgfp.de/assets/news/2014/DGFPDiversity.pdf. Zugegriffen: 11. Juli 2016.
Die Welt. (2016). Flüchtlinge – Gewinn oder Risiko für Unternehmen? http://www.welt.de/wirtschaft/article150312788/Fluechtlinge-Gewinn-oder-Risiko-fuer-Unternehmen.html. Zugegriffen: 11. Juli 2016.
DIHK (2016). Integration von Flüchtlingen in Ausbildung und Beschäftigung. Leitfaden für Unternehmen. https://www.unternehmen-integrieren-fluechtlinge.de/fileadmin/assets/pdfs/dihk-leitfaden-integration-fluechtlinge_Jan_2016.pdf. Zugegriffen: 11. Juli 2016.
Edition F GmbH. (2016). Die 25 Frauen, die unsere Welt besser machen. https://editionf.com/Die-25-Frauen-die-unsere-Welt-besser-machen. Zugegriffen: 11. Juli 2016.
Estrel Congress & Messe Center. (2016). Jobbörse für geflüchtete Menschen. http://www.jobboerse-estrel.de. Zugegriffen: 11. Juli 2016.
Fietz, M. (9. Juli 2016). CDU-Mann: Wirtschaft soll Lehrer einstellen, um Flüchtlingen Deutsch beizubringen. *Focus Online*. http://www.focus.de/politik/deutschland/michael-fuchs-cdu-politiker-fordert-wirtschaft-soll-lehrer-einstellen-um-fluechtlingen-deutsch-beizubringen_id_5708205.html. Zugegriffen: 11. Juli 2016.
Fratzscher, M., & Junker, S. (2016). Integration von Flüchtlingen – eine langfristig lohnende Investition. https://www.diw.de/documents/publikationen/73/diw_01.c.518252.de/15-%AD45-%AD4.pdf. Zugegriffen: 11. Juli 2016.

Gatzke, M., & Frehse, L. (2. Mai 2016). „Deutsche und Flüchtlinge stehen nicht in Konkurrenz". *Die Zeit.* http://www.zeit.de/wirtschaft/2016-04/arbeitsmarkt-fluechtlinge-integration. Zugegriffen: 11. Juli 2016.

Gerl, M. (5. April 2016). Wenn Flüchtlinge die Feuerwehr retten. *Der Spiegel.* http://www.spiegel.de/karriere/berufsstart/fluechtlinge-bei-der-freiwilligen-feuerwehr-gelungene-integration-a-1084441.html. Zugegriffen: 11. Juli 2016.

Heimbach, T., & Wenig, C. (18. März 2016). So aufwendig ist die Integration von Flüchtlingen. *Die Welt.* http://www.welt.de/wirtschaft/article153429450/So-aufwendig-ist-die-Integration-von-Fluechtlingen.html. Zugegriffen: 11. Juli 2016.

HWK Halle (2015). *Pilotprojekt bereitet Flüchtlinge auf Ausbildung vor.* https://www.hwk-halle.de/mobile/news/detail/item/657. Zugegriffen: 11. Juli 2016.

IAB. (2014). IAB-SOEP Migrationsstichprobe: Leben, lernen, arbeiten – wie es Migranten in Deutschland geht. http://doku.iab.de/kurzber/2014/kb2114.pdf. Zugegriffen: 11. Juli 2016.

IAB. (2015). Flüchtlinge und andere Migranten am deutschen Arbeitsmarkt: Der Stand im September 2015. http://doku.iab.de/aktuell/2015/aktueller_bericht_1514.pdf. Zugegriffen: 11. Juli 2016.

Integration durch Qualifizierung. (2016). Förderprogramm „Integration durch Qualifizierung (IQ)". http://www.netzwerk-iq.de/foerderprogramm-iq/programmbeschreibung.html. Zugegriffen: 11. Juli 2016.

IQ Fachstelle Interkulturelle Kompetenzentwicklung und Antidiskriminierung. (2015). Mehrwert Vielfalt – Zahlen, Daten, Fakten. Wirtschaftliche Vorteile durch Arbeitsmarktintegration, Einwanderung, Vielfalt und Antidiskriminierung. http://www.netzwerk-iq.de/fileadmin/Redaktion/Downloads/Fachstelle_IKA/FS_IKA_Publikationen/FS_IKA_Zahlen_Daten_Fakten_Copys.pdf. Zugegriffen: 11. Juli 2016.

Joblinge. (2016). Integration durch Arbeit. https://joblinge.de/joblinge-kompass-fuer-fluechtlinge/. Zugegriffen: 11. Juli 2016.

Kaufmann, M. (24. Februar 2016). Ein Drittel der Betriebe will Flüchtlinge einstellen. *Der Spiegel.* http://www.spiegel.de/karriere/berufsleben/deutschland-ein-drittel-der-betriebe-will-fluechtlinge-einstellen-a-1078720.html. Zugegriffen: 11. Juli 2016.

Landkreis Gießen. (2015). *Ziel: Flüchtlinge in Arbeit bringen. Positives Beispiel: „Integration Move".* https://www.lkgi.de/index.php/der-landkreis/oeffentlichkeitsarbeit/pressemitteilungen/1216-qualifizierten-fluechtlingen-den-zugang-zum-arbeitsmarkt-erleichtern-positives-beispiel-integration-move. Zugegriffen: 11. Juli 2016.

Menkens, S. (6. April 2016). „Jetzt entscheidet sich, ob wir es schaffen". *Die Welt.* http://www.welt.de/politik/deutschland/article154075343/Jetzt-entscheidet-sich-ob-wir-es-schaffen.html. Zugegriffen: 11. Juli 2016.

Nedden, C. zur. (3. Juni 2016). Problem Solver/Kiron ist eine Bildungsplattform für Geflüchtete. *Wired.* https://www.wired.de/collection/latest/problem-solver-kiron-ist-eine-bildungsplattform-fuer-gefluechtete. Zugegriffen: 11. Juli 2016.

Parment, A. (2009). *Die Generation Y – Mitarbeiter der Zukunft, Herausforderung und Erfolgsfaktor für das Personalmanagement.* Wiesbaden: Springer Gabler.

Poppe, M. (13. August 2015). Endlich Azubis! Betriebe möchten Flüchtlinge einstellen – doch es gibt ein Problem. *Focus Money Online.* http://www.focus.de/finanzen/news/es-ist-viel-mehr-moeglich-endlich-azubis-betriebe-moechten-fluechtlinge-einstellen-doch-es-gibt-ein-problem_id_4877638.html. Zugegriffen: 11. Juli 2016.

Pro Flüchtling (2016). Homepage. http://www.pro-fluechtling.de. Zugegriffen: 11. Juli 2016.
Ritzer, U. (10. Februar 2016). 36 Unternehmen starten Initiative für Flüchtlinge. *Süddeutsche Zeitung*. http://www.sueddeutsche.de/wirtschaft/integration-unternehmen-starten-initiative-fuer-fluechtlinge-1.2858848. Zugegriffen: 11. Juli 2016.
Rodeck, M. L. (2014). *Der Wertewandel in der Arbeitswelt durch die Generation Y – Wie Unternehmen bei der Personalführung sinnvoll reagieren und agieren können*. Hamburg: Diplomica.
Rövekamp, M. (9. März 2016). Neuer Pakt zur Flüchtlingsintegration. *Der Tagesspiegel*. http://www.tagesspiegel.de/wirtschaft/arbeitsmarkt-neuer-pakt-zur-fluechtlingsintegration/13075982.html. Zugegriffen: 11. Juli 2016.
Schieritz, M. (27. April 2016). Flüchtlinge kosten bis zu 400 Milliarden Euro. *Die Zeit*. http://www.zeit.de/wirtschaft/2016-04/fluechtlinge-arbeitsmarkt-integration-kosten-studie-zew. Zugegriffen: 11. Juli 2016.
Signium International. (Hrsg.). (2013). Generation Y – Das Selbstverständnis der Manager von morgen. https://www.zukunftsinstitut.de/fileadmin/user_upload/Publikationen/Auftragsstudien/studie_generation_y_signium.pdf. Zugegriffen: 11. Juli 2016.
Social Impact Lab. (5. November 2015). Social Garden. http://leipzig.socialimpactlab.eu/ES/comunidad/details/social-garden-2855. Zugegriffen: 11. Juli 2016.
Specht, F. (26. Februar 2016). So sieht es auf dem Arbeitsmarkt für Flüchtlinge aus. *Handelsblatt*. http://www.handelsblatt.com/politik/deutschland/zahlen-und-fakten-so-sieht-es-auf-dem-arbeitsmarkt-fuer-fluechtlinge-aus/13020360.html. Zugegriffen: 11. Juli 2016.
Über den Tellerrand. (2016). Rezepte für ein besseres Wir. https://ueberdentellerrandkochen.de/de/projects/f5vk2u1fpv/. Zugegriffen: 11. Juli 2016.
Weck, A. (5. Oktober 2015). Wie die Flüchtlingskrise das digitale Deutschland aktiviert. *T3N*. http://t3n.de/news/fluechtlingskrise-internet-hilfsprojekte-645146. Zugegriffen: 11. Juli 2016.
Wefugees. (2016). Homepage. https://www.wefugees.de/k. Zugegriffen: 5. Sept. 2016.
Winchell, N. (29. September 2015a). Rezepte für Integration. Interview mit Bontu Guschke von Über den Tellerrand. *The Changer*. http://thechanger.org/community/%C3%BCber-den-tellerrand-interview-bontu-guschke. Zugegriffen: 11. Juli 2016.
Winchell, N. (23. Dezember 2015b). Deutschlands innovativste Flüchtlingsprojekte. *The Changer*. http://thechanger.org/community/fl%C3%BCchtlingsprojekte-deutschland. Zugegriffen: 11. Juli 2016.
Wir zusammen. (2016a). *Mobile Gesundheitsstation zur medizinischen Versorgung*. https://www.wir-zusammen.de/patenschaften/airbus-group-se. Zugegriffen: 11. Juli 2016.
Wir zusammen. (2016b). Erhöhung der Zugangschancen zum Arbeitsmarkt. https://www.wir-zusammen.de/patenschaften/deutsche-lufthansa-ag. Zugegriffen: 11. Juli 2016.
Zdrzalek, L. (15. Juni 2015). Deutschlands neue Facharbeiter. *Die Zeit*. http://www.zeit.de/wirtschaft/2015-06/ausbildung-fluechtling-fachkraeftemangel. Zugegriffen: 11. Juli 2016.

Weiterführende Literatur

Assmann, J. (2006). „Körper und Schrift als Gedächtnisspeicher. Vom kommunikativen zum kulturellen Gedächtnis". In M. Csáky & P. Stachel (Hrsg.), *Speicher des Gedächtnisses. Bibliotheken, Museen, Archive 1: Absage an und Wiederherstellung von Vergangenheit – Kompensation von Geschichtsverlust* (S. 199–213). Wien: Passagen-Verlag.

Bertelsmann-stiftung.de. (2016). „Gute Ansätze der Arbeitsmarktintegration von Flüchtlingen weiterentwickeln". https://www.bertelsmann-stiftung.de/de/themen/aktuelle-meldungen/2016/april/gute-ansaetze-der-arbeitsmarktintegration-von-fluechtlingen-weiterentwickeln/. Zugegriffen: 11. Juli 2016.

Internationales Institut für Nachhaltigkeitsmanagement – IISM. (2016). „Pro Flüchtling". http://www.srh-hochschule-berlin.de/de/forschung/forschungsinstitute/internationales-institut-fuer-nachhaltigkeitsmanagement-iism/projekt-12/. Zugegriffen: 11. Juli 2016.

McKinsey & Company. (2011). „Vielfalt siegt! Warum diverse Unternehmen mehr leisten". https://www.mckinsey.de/files/Vielfalt_siegt_deutsch.pdf. Zugegriffen: 11. Juli 2016.

Mittelstand Nachrichten. (2016). „Praktikum bei Daimler baut Flüchtlingen eine Brücke in den Arbeitsmarkt". http://www.mittelstand-nachrichten.de/unternehmen/praktikum-bei-daimler-baut-fluechtlingen-eine-bruecke-in-den-arbeitsmarkt-20160304.html. Zugegriffen: 11. Juli 2016.

Schreiber, V., & Iskenius, EL. (2013). „Flüchtlinge: zwischen Traumatisierung, Resilienz und Weiterentwicklung. Menschenrechte und Gesundheit". *Amnesty-Aktionsnetz Heilberufe, 3.*

Thechanger.org. (2015c). „A Free University Education for Refugees. Kiron University is redefining access to higher education". http://thechanger.org/community/free-university-education-refugees. Zugegriffen: 11. Juli 2016.

Wolf, D. (2010). „Generation Y: Junge Kollegen sind anspruchsvoll, flexibel, kollegial". http://www.business-wissen.de/artikel/generation-y-junge-kollegen-sind-anspruchsvoll-flexibel-kollegial/. Zugegriffen: 11. Juli 2016.

Herausforderungen und Chancen der Flüchtlingsfrage in Deutschland

O-Töne, Zahlen, Meinungen, Hinweise, Strategien, Konzepte

Das Stimmungsbild in Deutschland angesichts der zunehmenden Anzahl an geflüchteten Personen, die in Deutschland Schutz suchen, ist angespannt. Die Lager sind gespalten, und die Meinungen, ob Flüchtlinge eher eine Chance für Deutschland oder eher eine Gefahr für die deutsche Kultur und Gesellschaft darstellen, gehen auseinander. Auf der einen Seite stehen die Befürworter, die in den Geflüchteten eine Chance sehen, den demografischen Wandel aufzuhalten und den Mangel an Fachkräften auszugleichen (vgl. Dams 28. August 2015). Diese Menschen sehen in den ankommenden Personen eine Bereicherung für die deutsche Wirtschaft ebenso wie für die deutsche Kultur, und sie wissen um die Strapazen, die diese Personen auf sich genommen haben, in der Hoffnung, in Deutschland ein friedliches und sicheres Leben führen zu können. In der Mitte des Spektrums stehen diejenigen, die skeptisch und ängstlich in die Zukunft schauen. Sie lehnen Flüchtlinge nicht ab, haben aber Angst vor steigender Terrorgefahr oder Konkurrenz auf dem Wohnungsmarkt und davor, dass rechte Parteien weiteren Zulauf gewinnen können (vgl. Kunert und Schlinkert 2015b, S. 5–6). Auf der anderen Seite stehen jene Personen, die den Flüchtlingen mit Ablehnung und teilweise mit Hass gegenüberstehen. Im extremen Fall greifen sie sogar zu Gewalt gegen Flüchtlingsheime und Geflüchtete. Sie sehen in den geflüchteten Personen eine Bedrohung für sich und für Deutschland.

In diesem aufgeheizten Klima gilt es, die Herausforderungen und Chancen zu identifizieren, die nun auf Deutschland zukommen, um den geflüchteten Personen und den Deutschen ein friedliches und fruchtbares Zusammenleben zu ermöglichen. Im Folgenden werden anhand von drei Schlüsselbereichen Tendenzen identifiziert und Meinungen und Strategien vorgestellt. Diese Bereiche sind: die Aufgabe Deutschlands und der EU, die Akzeptanz der deutschen Gesellschaft sowie der (gewünschte) Kontakt zu den Flüchtlingen.

6.1 Die Aufgabe Deutschlands und der EU

Die Aufgabe Deutschlands im Umgang mit der aktuellen Situation ist es primär, Geflüchteten Asyl zu gewähren. Diese Menschen mussten aus ihrer Heimat flüchten, weil sie zum Beispiel aufgrund von Krieg oder kriegsähnlichen Zuständen um ihr Leben und ihre Existenz fürchten müssen. „Es gehört zu unserer Kultur, Menschen in Not zu helfen und (sozial) Schwache zu unterstützen.", bemerkte der Geschäftsführer eines deutschen Start-ups in einem der qualitativen Interviews zur Haltung der Generation Y zur Flüchtlingsfrage.

Diese Aufgabe ist im deutschen Asylgesetz festgeschrieben, wobei das Gesetz zwischen Flüchtling, Asylberechtigtem und subsidiär Schutzberechtigtem unterscheidet. Als Flüchtling anerkannt werden Personen, die aus ihrem Heimatland fliehen müssen, weil sie wegen ihrer Nationalität, Rasse, politischen Überzeugung oder der Zugehörigkeit zu einer bestimmten sozialen Gruppe verfolgt werden. Asylberechtigte werden anerkannt, sofern sie nicht aus einem sicheren Herkunftsland kommen und ihnen im Falle ihrer Rückkehr die Gefahr droht, einer schwerwiegenden Menschenrechtsverletzung durch den Staat ausgesetzt zu sein und sie keine Möglichkeit zum Schutz vor Verfolgung in ihrem Heimatland haben. Subsidiären Schutz in Deutschland erhalten Personen, denen in ihrem Herkunftsland ernsthafter Schaden droht in Form der Todesstrafe, Folter oder eine ernsthafte Bedrohung infolge willkürlicher Gewalt durch einen bewaffneten Konflikt. Sowohl Flüchtlinge als auch Asylberechtigte erhalten nach der Anerkennung einen dreijährigen Aufenthaltstitel für die Bundesrepublik Deutschland. Nach Ablauf dieser drei Jahre erhalten diejenigen Personen eine Niederlassungserlaubnis, bei denen die ursprünglichen Gründe für die Anerkennung nicht obsolet geworden sind (vgl. Bundesamt für Migration und Flüchtlinge 2014, S. 21).

Im Jahr 2014 wurden in Deutschland 202.834 Asylanträge gestellt, sowohl Erst- als auch Folgeanträge. Im ersten Halbjahr 2015 waren es 179.037 (siehe Abb. 6.1).

Im gesamten Jahr 1992 wurden im Vergleich insgesamt 438.191 Asylanträge gestellt, 1993 waren es noch 322.599 (vgl. Bundesamt für Migration und Flüchtlinge 2015a, S. 2).

Grund für die im Vergleich relativ niedrigen Zahlen ist, dass Flüchtlinge oftmals Monate warten müssen, bis sie einen Asylantrag stellen können. Die Dauer des Asylverfahrens wird von offiziellen Stellen mit durchschnittlich fünf Monaten angegeben, die tatsächliche Dauer weicht allerdings deutlich davon ab (vgl. Spiegel Online 2015).

Die Situation vor dem „Lageso" (Landesamt für Gesundheit und Soziales) in Berlin verdeutlicht dieses Problem. Dort warten Menschen nicht nur wochen-

Zeitraum	Asylanträge		
	insgesamt	davon Erstanträge	davon Folgeanträge
2006	30.100	21.029	9.071
2007	30.303	19.164	11.139
2008	28.018	22.085	5.933
2009	33.033	27.649	5.384
2010	48.589	41.332	7.257
2011	53.347	45.741	7.606
2012	77.651	64.539	13.112
2013	127.023	109.580	17.443
2014	202.834	173.072	29.762
1. Hj. 2015	179.037	159.927	19.110

Abb. 6.1 Entwicklung der jährlichen Asylantragszahlen seit 2006. (Quelle: Bundesamt für Migration und Flüchtlinge 2015a, S. 2)

lang trotz Termin auf die Möglichkeit, ihren Asylantrag stellen zu können, sondern auch, um ihr gesetzlich garantiertes monatliches Taschengeld abzuholen. Die Mitarbeiter im Lageso sind überfordert mit der Masse an Menschen, die täglich auf sie warten. Jeden Tag werden ca. 500 Personen zu einem Termin gebeten, obwohl nur maximal 200 Fälle bearbeitet werden können. Auch, dass die Akten im Lageso nicht elektronisch, sondern auf Papier geführt werden, führt zu Verzögerungen (vgl. Haneke und Lohse 19. Dezember 2015).

Die Kommunen fühlen sich laut Medienberichten oftmals ebenfalls überfordert und von der Bundespolitik im Stich gelassen. In einer Umfrage unter 300 Kommunen der Beratungsagentur „Ernst & Young" vom November 2015 gaben die befragten Kommunen an, dass es ihnen an wichtigen Unterbringungsmöglichkeiten für die geflüchteten Personen fehlt (vgl. Busson und Fischer 2015, S. 10). Außerdem klagen Kommunen über hohe Kosten für die Unterbringung und bemängeln die lange Bearbeitungsdauer von Asylanträgen, welche ebenfalls zu hohen Kosten führt (vgl. Petermann 4. Januar 2016).

Es ist an der deutschen Bundespolitik, jetzt Maßnahmen und Regelungen zu erarbeiten, die es ermöglichen, die Situation der Geflüchteten in Deutschland zu entschärfen und nicht weiter zu einer Überforderung der Kommunen und regionalen Behörden beizutragen. Dies beginnt bei einer konsistenten Asyl-, Flüchtlings-

und Zuwanderungspolitik. Die Meinungen der Politiker, wie eine angemessene Asylpolitik aussieht, gehen derzeit stark auseinander. Während Politiker der CSU beispielsweise eine Flüchtlingsobergrenze fordern, hält die CDU an ihrem derzeitigen Kurs fest (vgl. Zeit Online 3. Januar 2016).

Daneben hat der Bundesrat im Oktober 2015 ein umfassendes Gesetzespaket beschlossen, welches die Länder finanziell entlasten soll und eine Beschleunigung der Unterbringung von geflüchteten Personen ermöglicht. Außerdem werden demnach finanzielle Leistungen für Flüchtlinge künftig nur noch einen Monat im Voraus ausbezahlt und Menschen mit Bleibeperspektive sollen frühzeitig in den Arbeitsmarkt integriert werden. Dafür werden Integrationskurse geöffnet und besser mit berufsbezogenen Sprachkursen vernetzt. Mit der Erklärung von Staaten wie Albanien, Kosovo und Montenegro zu sicheren Herkunftsstaaten verfolgt die Bundespolitik eine weitere Strategie zur Eindämmung des Flüchtlingsstromes nach Deutschland (vgl. Die Bundesregierung 2015). Diese Gesetzesänderungen werden allerdings teilweise kritisch aufgenommen. Anstatt eine Beschleunigung des Asylverfahrens zu erreichen, wird der Aufwand erhöht, so ist der Tenor von vielen Seiten. Ebenfalls wird der Abschreckungseffekt, der zum Beispiel durch die Ausstattung der Geflüchteten mit Sach- statt Geldleistungen erreicht werden soll, vermutlich ausbleiben (vgl. Gerads 29. September 2015).

Überaus wichtig ist ebenfalls, dass ausreichende Mittel und Strukturen geschaffen und bereitgestellt werden, um die ankommenden Flüchtlinge adäquat zu versorgen und die vielen freiwilligen Helfer zu unterstützen und zu entlasten. Im Interview äußerte eine freiwillige Helferin, die sich in einer Notunterkunft engagiert, dazu Folgendes:

> Die Aufgabe von der Politik [...] ist, dass mehr qualifizierte Leute das übernehmen. Die Organisation und so. Da fühlen wir uns hier echt im Stich gelassen. Es gibt zwar Leute, die hier vom DRK und so helfen, aber die sind auch alle überfordert. [...] Alles, was hier passiert, wird ja von uns Freiwilligen organisiert. Da gibt es keine offizielle Stelle, wo man mal nachfragen kann. Ich würde mir wünschen, dass da sich einfach mehr gekümmert wird. Das man da mal Interesse zeigt. Und auch Informationen für uns Freiwillige bereitstellt, wie man mit der Situation umgeht. Auch zu rechtlichen Fragen. Die Leute brauchen auch psychologische Unterstützung. [...] Wenn die Politik sagt, dass wir hier ganz viele Menschen aufnehmen, was ja richtig ist, dann muss sie aber auch schauen, wie wir das hinbekommen. [...]

Das Paradebeispiel, welches die Überlastung der freiwilligen Helfer und fehlende Unterstützung der Politik demonstriert, ist die Situation vor dem Lageso in Berlin, welche sich nur schrittweise verbessert. Zwar gibt es inzwischen auf dem Gelände beheizte Zelte für die Wartenden, allerdings reichen diese nicht für alle. Helfer vor

6.1 Die Aufgabe Deutschlands und der EU

dem Lageso bemängeln, dass die Qualität der Zelte überprüft werden müsste, weil diese die Menschen nicht ausreichend vor der Kälte schützen (vgl. Beitzer 7. Januar 2016). Zwar konnten inzwischen Aufgaben wie die Essensverteilung abgegeben werden, dennoch erfolgte dies erst nach langen Kämpfen. Die ehrenamtlichen Helfer vor dem Lageso sind unentbehrlich. Sie versorgen die Menschen mit Kleidung, Kinderbetreuung, emotionaler Unterstützung und Unterstützung bei der Übersetzung von Dokumenten. Diese Strukturen sollten allerdings von anderer Ebene her geschaffen werden, damit die Ehrenamtlichen entlastet werden können und Schichten von 15 h am Stück vermieden werden können (vgl. Grieß 29. Dezember 2015).

Aber die vielen flüchtenden Personen flüchten nicht nur nach Deutschland. Ganz Europa steht vor der Herausforderung, für diese Personen organisierte strukturierte Lösungen der Unterbringung zu schaffen.

Auf Ebene der EU ist vor allem Solidarität essenziell. Alle Mitglieder der Europäischen Union sollten bereit sein, geflüchtete Personen aufzunehmen und zu integrieren. Deutschland als einflussreiches europäisches Land hat hier eine besondere Chance, zu einer Entschärfung chaotischer Zustände beizutragen.

In der Europäischen Union gilt für Personen, die einen Asylantrag stellen wollen, das Dublin-Verfahren. Das bedeutet, dass sie nur einen Asylantrag in einem einzigen Mitgliedsstaat stellen dürfen. Dadurch soll verhindert werden, dass Personen innerhalb des Schengen-Raums weiterreisen und weitere Anträge in anderen Mitgliedsstaaten stellen (vgl. Bundesamt für Migration und Flüchtlinge 2015b, S. 35). Das Dublin-Verfahren wurde von Deutschland im August 2015 für syrische Flüchtlinge zunächst ausgesetzt, was von der EU-Kommission als Akt der Solidarität begrüßt wurde, die Länder an den EU-Außengrenzen mit den ankommenden geflüchteten Personen nicht alleinzulassen (vgl. Tagesschau 25. August 2015). Seit November 2015 wendet Deutschland das Dublin-Verfahren allerdings wieder an und prüft nun für jede ankommende Person, ob diese bereits einen Asylantrag in einem anderen Mitgliedsstaat gestellt hat. Ist dem so, müsste diese Person in das Land zurückgeschickt werden, in dem sie erstmals registriert wurde (vgl. Zeit Online 10. November 2015).

Solidarität auf Ebene der EU sollte auch im September 2015 hergestellt werden, als die EU-Innenminister sich auf eine Verteilung von 120.000 Flüchtlingen auf die Mitgliedsstaaten verständigten. Diese Entscheidung wurde allerdings nicht von allen Ländern mitgetragen. Ungarn, Tschechien, die Slowakei und Rumänien stimmten dagegen (vgl. Zeit Online 24. September 2015). Um Druck auf die sich verweigernden Staaten aufzubauen, wurde auf EU-Ebene darüber nachgedacht, Mittel aus Fördertöpfen der EU zu sperren (vgl. Tagesschau 27. Oktober 2015).

Das Problem in der EU sind die vielen sich entgegenstehenden politischen Positionen in Bezug auf den Umgang mit den ankommenden Flüchtlingen. Einige

Mitgliedsstaaten verlangen, die bislang offenen Türen der EU zu überdenken. Ungarn hat sich zum Beispiel dazu entschieden, einen Zaun entlang der Grenzen zu Serbien und Kroatien zu bauen, um die Flüchtlinge davon abzuhalten, über Ungarn in die EU einzureisen. Deutschland andererseits verurteilt das Bauen von Grenzzäunen (vgl. Traynor 24. September 2015).

Das Problem liegt allerdings nicht nur in der Frage der Verteilung der Flüchtlinge, sondern u. a. auch darin, dass die Menschen, die nach Europa flüchten, einen lebensgefährlichen Weg auf sich nehmen müssen.

> „[…] ich finde es auch eine absurde Idee sozusagen […] einerseits ein Asylrecht zu garantieren und andererseits die Leute zu zwingen, nur illegal in die Situation zu kommen, dieses Recht in Anspruch nehmen zu können", sagte ein Universitätsprofessor im Interview.

Die meisten der geflüchteten Personen kommen über das Mittelmeer in die Türkei und nach Griechenland und ziehen von da aus weiter nach Europa (vgl. Frontex 2016). Die Boote, mit denen Menschenschmuggler die Flüchtlinge über das Mittelmeer bringen wollen, sind oft kaum seetüchtig. Flüchtlinge müssen sich unter Deck verstecken und werden in Küstennähe in kleine Fischerboote gesetzt (vgl. Sierpinski 21. April 2015). Sie bezahlen hohe Summen für eine Überfahrt, um schlussendlich unter Deck in überfüllten Booten zu sitzen, in denen es heiß ist und an frischer Luft mangelt (vgl. Elias und Wirtz 28. April 2015). Dass sie tatsächlich an ihrem Ziel ankommen, ist nicht sicher. Im April 2015 konnten von 950 Personen, die versucht hatten, auf einem Boot nach Europa zu kommen, lediglich 28 gerettet werden (vgl. Deutsche Welle 2015).

Es ist also sowohl an Deutschland als auch an der EU, umzudenken und neue Strukturen und Mittel zu schaffen, die es erlauben, auf nationaler Ebene den Flüchtlingen ein sicheres Ankommen und ein neues Leben zu ermöglichen.

> „Menschen, die um ihr Leben fürchten müssen und aus diesem Grund ihre Heimat verlassen, brauchen Schutz, und diesen sollen Deutschland und die EU ihnen zukommen lassen", bemerkte der Geschäftsführer eines deutschen Start-ups in einem Interview.

6.2 Die Akzeptanz der deutschen Gesellschaft

Die Akzeptanz der deutschen Gesellschaft gegenüber den geflüchteten Personen wird im Allgemeinen als ambivalent empfunden. Einer fast schon euphorischen Stimmung auf der einen Seite stehen Angst, Hilflosigkeit und Skepsis gegenüber.

6.2 Die Akzeptanz der deutschen Gesellschaft

„Die Gesellschaft ist zerrissen in dieser Frage", bemerkte der Geschäftsführer eines deutschen Start-ups in einem Interview. Auf der einen Seite stehen diejenigen Bürger Deutschlands, die die vielen ankommenden Flüchtlinge als positive Herausforderung sehen. Das Bild Deutschlands in der Welt hat sich gewandelt, nicht zuletzt dank der vielen freiwilligen Helfer und Menschen, die die Flüchtlinge tatkräftig unterstützen und mit offenen Armen empfangen haben.

„Ich finde die Willkommenskultur in Deutschland super. Ich mag das offene und bunte Deutschland. Damit können wir mit Vorurteilen aus der Vergangenheit aufräumen. Es war überwältigend, die Bilder im Sommer aus dem Fernseher zu sehen, wie man die Flüchtlinge am Bahnhof begrüßt hat und gejubelt wurde", so ein ehrenamtlich Tätiger und Sozialarbeiter.

Auf die hohe Anzahl an geflüchteten Personen haben viele Menschen in Deutschland mit schneller Mobilisierung und Engagement geantwortet. Nachdem Ungarn im September 2015 überraschenderweise Hunderte von Flüchtlingen hatte weiterreisen lassen, anstatt sie zu registrieren und ein Asylverfahren durchzuführen, hatten sich schnell zahlreiche freiwillige Helfer am Münchner Hauptbahnhof eingefunden, um die Flüchtlinge zu begrüßen. Etliche Menschen kamen mit Lebensmitteln, Babynahrung und Windeln, Wasser und Plüschtieren, um die ankommenden Personen mit dem Nötigsten versorgen zu können. Die Hilfsbereitschaft reichte sogar so weit, dass die Sicherheitskräfte vor Ort darum bitten mussten, dass keine neuen Hilfsgüter gebracht werden, weil die Menschen ausreichend versorgt seien (vgl. Hengst 1. September 2015). Diese Art der Mobilisierung, des Engagements und der Hilfsbereitschaft hat sich in ganz Deutschland gezeigt. Als das ehemalige Rathaus Wilmersdorf in Berlin als Notunterkunft bezogen werden sollte, fanden sich ebenfalls schnell Privatpersonen, die bereit waren, den Aufbau und die Organisation der Unterkunft zu übernehmen und Hand in Hand mit den Hilfsorganisationen vor Ort zu arbeiten. Inzwischen helfen knapp 150 bis 200 Personen täglich freiwillig dort aus und sorgen dafür, dass sich die geflüchteten Personen in Deutschland willkommen fühlen können (vgl. Abel 3. Januar 2016). Die Stimmung gegenüber den Flüchtlingen im Allgemeinen ist in großen Teilen Deutschlands positiv und aufgeschlossen. Eine Befragung von „Infratest dimap" für den „ARD DeutschlandTrend" und „Die Welt" im September 2015 ergab, dass 59 % der Befragten keine Angst davor hätten, dass zu viele geflüchtete Personen nach Deutschland kämen (vgl. Kunert und Schlinkert 2015a, S. 4). Eine Befragung im November ergab, dass sich 63 % der Befragten wünschten, dass mehr Geld für die Integration von Flüchtlingen zur Verfügung stehe (vgl. Kunert und Schlinkert 2015b, S. 13).

Es gibt auf der anderen Seite ebenfalls viele Menschen, die Angst haben und skeptisch sind, um was für Menschen es sich handelt, die nun nach Deutschland kommen. Im November 2015 gaben nur noch 50 % der befragten Personen an, dass sie keine Angst davor haben, dass zu viele Flüchtlinge nach Deutschland kommen (vgl. Kunert und Schlinkert 2015b, S. 5).

„Ich kann mir vorstellen, dass einige einfach enttäuscht sind und sich auch überrumpelt fühlen. Und auch Sorgen haben. Die kennen es ja nicht. Wie zum Beispiel in Berlin oder Köln, da ist man das gewöhnt, dass so viele verschiedene Menschen beieinander leben. Aber hier auf dem Dorf ist das ja eher die Ausnahme. Da fühlen sich einige natürlich unwohl, wenn die Ruhe gestört wird", bemerkte der Geschäftsführer eines deutschen mittelständischen Metallbetriebes im Interview.

Eine Befragung von „Infratest dimap" vom November 2015 ergab, dass 44 % der befragten Personen empfinden, dass die Zuwanderung eher Nachteile für Deutschland bringt. Im August 2015 sahen noch 45 % der Befragten eher Vorteile (vgl. Kunert und Schlinkert 2015b, S. 3). Ängste vor Zuwanderung sind allerdings eher weniger wirtschaftlich begründet (siehe Abb. 6.2). Vor Konkurrenz auf dem Arbeitsmarkt oder dem Absacken des Wohlstandes hat nur jeder zweite Angst. Größere Ängste haben die befragten Personen davor, dass rechte Parteien

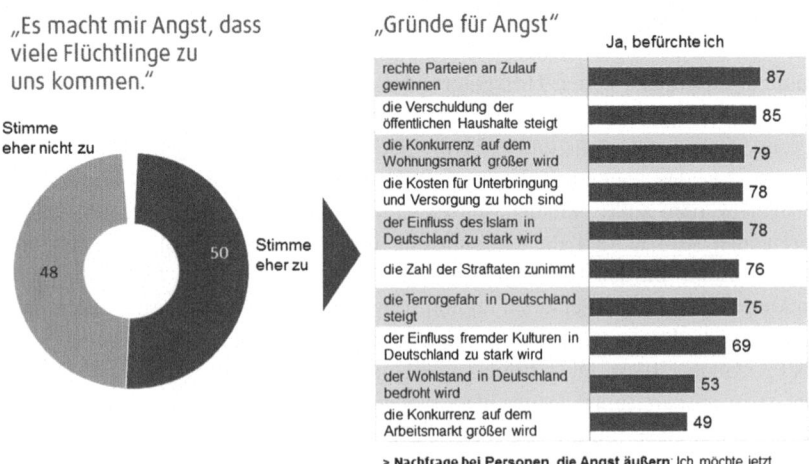

Abb. 6.2 Ängste vor möglichen Auswirkungen durch Flüchtlingsströme. (Quelle: Kundert und Schlinkert 2015b, S. 6)

6.2 Die Akzeptanz der deutschen Gesellschaft

an Zulauf gewinnen, die Terrorgefahr in Deutschland steigt oder sich die Konkurrenz auf dem Wohnungsmarkt erhöht (vgl. Kunert und Schlinkert 2015b, S. 5–6). Ereignisse wie im November 2015 in Paris können diese Ängste noch weiter schüren. Dabei muss allerdings differenziert werden zwischen den Personen, die flüchten, weil sie in ihrem Heimatland um ihr Leben fürchten müssen und in Deutschland Schutz suchen, und den Personen, die solche Taten verüben. Es steht inzwischen fest, dass der Terroranschlag in Paris von europäischen Islamisten verübt wurde (vgl. Spiegel Online 16. November 2015; FAZ 9. Dezember 2015).

Leider gibt es noch eine dritte Gruppe an Menschen, die den „Fremden" mit Hass und Ablehnung entgegentreten und in einigen Fällen auch zu Gewalt greifen, um ihrem Unmut Luft zu machen.

> „Damals [Anm.: in den 1990er Jahren] war so der Widerstand gegen Flüchtlingsheime und sowas was Radikaleres. Das scheint mir viel normaler geworden zu sein, dann wenn es passiert. Das sind ganz andere, viel normalere Leute", sagt ein Universitätsprofessor im Interview.

Eine Studie der TU Dresden vom Januar 2015 über die Zusammensetzung der Pegida fand heraus, dass die meisten Pegida-Anhänger tatsächlich aus der „Mitte der Gesellschaft" stammen. Das Alter der Pegida-Sympathisanten bewegt sich überwiegend im Bereich zwischen 40 und 59. Diese Gruppe macht 37 % aus. Die zweitgrößte Gruppe sind die 20- bis 29-Jährigen. Ihr höchster erreichter Bildungsabschluss ist mit 38 % ein Abschluss nach der 10. Klasse und mit 28,2 % ein Hochschulabschluss (vgl. Vorländer et al. 2015, S. 43–45).

Die Befragung von „Infratest dimap" ergab, dass 69 % der Befragten Angst davor haben, dass der Einfluss fremder Kulturen in Deutschland zu stark sein wird, und dass sich 71 % für die Einführung einer Obergrenze für die Aufnahme von Flüchtlingen aussprechen. Ein Verständnis für die Protestmärsche der Pegida-Bewegung zeigten allerdings nur AfD-Anhänger. Anhänger der anderen Parteien reagierten mit einer überwiegenden Mehrheit mit Unverständnis (vgl. Kunert und Schlinkert 2015b, S. 13 und 17).

Es gibt allerdings einige Personen in Deutschland, die noch einen Schritt weiter gehen, als öffentlich gegen Flüchtlinge zu demonstrieren, indem sie zur Gewalt greifen. Fast täglich hört man von absichtlich gesetzten Bränden in Flüchtlingsheimen in Deutschland (vgl. Spiegel Online 21. Januar 2016; Die Glocke 2016; Kopietz 24. Januar 2016).

Aber nicht nur die Einstellung der Gesellschaft zu der aktuellen Flüchtlingssituation ist komplex und ambivalent, auch die Politik ist sich uneins, welche Haltung sie nach außen transportiert.

> „Also vor ein paar Wochen [...] hatte ich immer so das Verständnis [...], von Regierungsseite her gibt es so eine Grundidee, dass man die Leute aufnimmt, die in Not sind, und die gilt erst einmal, und dass das das wichtigste Element ist. Inzwischen habe ich so das Gefühl [...], das ist allerhöchstens [...] ein Diskussionsbeitrag, und es gibt aber auch genauso gut eine andere Seite, die sich weniger darauf konzentriert [...], das Problem, das da ist, zu lösen, sondern zu versuchen, das Problem irgendwie wegzukriegen, indem man [...] den Familiennachzug beschränkt und solche Dinge tut", bemerkte ein Universitätsprofessor im Interview.

Die Stimmung in der deutschen Gesellschaft und Politik ist ambivalent gegenüber den geflüchteten Personen, die in Deutschland Schutz suchen. Das Spektrum reicht von positiv eingestellten über skeptische und ängstliche Personen bis hin zu Personen, die Geflüchteten mit offener Ablehnung und im schlimmsten Fall Gewalt begegnen.

6.3 Kontakt zu den Flüchtlingen

Es gibt viele Menschen in Deutschland, die gerne Kontakt mit den Personen haben, die nach Deutschland geflüchtet sind, und die sich in den unterschiedlichsten Bereichen engagieren. Diese Hilfe reicht von der Arbeit in einem Flüchtlingsheim über das Engagement im beruflichen Bereich bis hin zur Spende von Kleidung oder Lebensmitteln.

> „Wir unterstützen die Tafel hier in der Region, die Essen an Flüchtlinge und andere Hilfsbedürftige verteilt", bemerkte der Geschäftsführer eines deutschen Start-ups im Interview.

Eine Studie der Humboldt Universität in Berlin identifiziert die Unterstützung bei Behördengängen als wichtigste Aufgabe bei der Unterstützung der Flüchtlinge (siehe Abb. 6.3). Fast die Hälfte der befragten Helfer gab dies als Teil ihrer Arbeit an. Auch Sprachunterricht ist ein wichtiger Teil der ehrenamtlichen Arbeit in Deutschland, genauso wie unterstützende Tätigkeiten bei der Wohnungssuche oder Fahrtätigkeiten. Die Ehrenamtlichen sind aber auch mit organisatorischen Aufgaben betreut oder unterstützen die Beziehungen zur Gemeinde (vgl. Karakayali und Kleist 2015, S. 28 f.).

Ein ehrenamtlicher Mitarbeiter eines Flüchtlingsheims sagte dazu Folgendes:

> Ich arbeite als Freiwilliger in einem Flüchtlingsheim. Ich organisiere die anderen Helfer, besuche Stadtratssitzungen und versuche da die Erlebnisse, die ich im Heim erlebe, zu schildern und somit Gelder und Ressourcen einzufordern. Das ist nicht immer ganz einfach.

6.3 Kontakt zu den Flüchtlingen

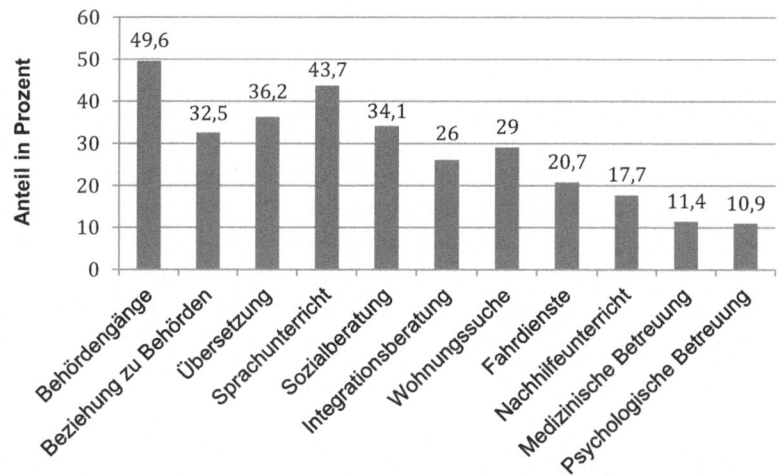

Abb. 6.3 Tätigkeiten in der EFA. (Quelle: Karakayali und Kleist 2015, S. 28)

Auch auf professioneller Ebene können sich Menschen den Kontakt zu Flüchtlingen vorstellen.

„Auch die Anstellung von Flüchtlingen in meiner Firma ist für mich denkbar", so zum Beispiel der Geschäftsführer eines deutschen Start-Ups im Interview.

Eine Kurzstudie des Bundesamtes für Migration und Flüchtlinge hat festgestellt, dass fast 50 % der erfassten Flüchtlinge aus sechs verschiedenen Herkunftsländern, darunter Syrien, Irak und Afghanistan, zehn bis 14 Jahre lang eine Schule besucht haben. Im Vergleich haben allerdings nur 38,3 % eine abgeschlossene, laufende oder abgebrochene Berufsausbildung oder ein Studium. 61,7 % haben (noch) keine Ausbildung oder ein Studium angetreten (vgl. Worbs und Bund 2015, S. 4 f.).

Forschungsinstitute und Beobachter sehen in den ankommenden Flüchtlingen eine Chance, zum Beispiel den Mangel an Fachkräften in Deutschland zu kompensieren. Allerdings brauchen viele der Flüchtlinge einen zusätzlichen Schulbesuch oder eine Ausbildung, um Zugang zum deutschen Arbeitsmarkt zu bekommen (vgl. Dams 28. August 2015). Dennoch gibt es Aufnahmebereitschaft in der deutschen Wirtschaft:

„Und ein Praktikum kann man immer bei uns machen", so der Geschäftsführer eines mittelständischen Metallbetriebs im Interview.

Auch auf Universitätsebene besteht die Bereitschaft, Flüchtlingen eine Möglichkeit zum Lernen zu bieten. Die Freie Universität Berlin, die Universität Hamburg, die Universität Tübingen und etliche weitere deutsche Universitäten stehen den Flüchtlingen offen gegenüber und bieten zahlreiche Unterstützungsmöglichkeiten an, sich an der Universität zurechtzufinden. Darin besteht auch eine Chance nicht nur für den Arbeitsmarkt. Ein Universitätsprofessor bestätigte das im Interview:

> Ein Grund könnte sein: Irgendwas müssen die Leute auch machen, wenn sie in diesem blöden Verfahren festhängen […], und da finde ich die Uni einen sinnvollen Zeitvertreib […]. Ich finde auch sogar, dass Unis tatsächlich Leistungen prüfen und beurteilen und mit Scheinen versehen sollten von Flüchtlingen. Weil das ja […] ein Teil-Beleg dafür sein kann, dass die Leute nicht nur erzählen, sie sind Ökonom. […] [Sondern] tatsächlich auch in der Lage sind, irgendwie so eine Klausur in Mikroökonomie, die ich hier stelle, zu beantworten, und dann ist das belegt […]. Das würde auch viele Unsicherheiten irgendwie reduzieren, wenn es hier Uniausbildungen gäbe.

Dennoch besteht auch Zurückhaltung in der Gesellschaft, sich für geflüchtete Personen zu engagieren, was allerdings aus den unterschiedlichsten Gründen geschehen kann, allen voran Zeitmangel. Dazu bemerkte der Geschäftsführer eines mittelständischen Metallbetriebes:

> Wenn jemand die Zeit hat zu helfen finde ich das gut. Aber ich finde nicht, dass man sich jetzt verpflichtet fühlen muss, unbedingt zu helfen.

Vielen Menschen fehlt die Zeit, sich persönlich beispielsweise in einem Flüchtlingsheim zu engagieren. Dennoch besteht ein generelles Interesse zu helfen, zum Beispiel durch das Bereitstellen von Kleidung.

> „Ich bin beruflich ziemlich eingespannt und kann nicht mal in ein Heim gehen und da einfach helfen. Klar kann man spenden und so. Wir haben auch Sachen in die Kleiderkammer gegeben. Aber vor Ort zu helfen, ist schlichtweg nicht möglich", bemerkte der Geschäftsführer eines mittelständischen Metallbetriebes im Interview.

Das Interesse, den geflüchteten Personen zu helfen, sich in Deutschland zurechtzufinden, besteht im Allgemeinen. Das Engagement der Deutschen drückt sich ganz unterschiedlich aus, von der praktischen Hilfe vor Ort, der Integration in den Arbeitsmarkt bis hin zur Versorgung mit Hilfsmittel kann jeder entsprechend seiner Kapazitäten einen Beitrag dazu leisten, dass sich die Flüchtlinge willkommen und angenommen fühlen.

6.4 Fazit

Die Stimmung in der Gesellschaft ist ambivalent gegenüber den Menschen, die in Deutschland Schutz suchen. Es gilt, Herausforderungen und Chancen zu identifizieren, die es ermöglichen, den deutschen Bürgern und den Geflüchteten ein fruchtbares und friedliches Zusammenleben zu ermöglichen.

Hier ist insbesondere die deutsche Politik in der Pflicht zu handeln. Es sollten Maßnahmen und Regelungen erarbeitet werden, um Kommunen, regionale Behörden und freiwillige Helfer zu entlasten. Dazu sollte zum Beispiel das Asylverfahren beschleunigt werden, damit Geflüchtete nicht monatelang ausharren müssen, bevor sie eine Entscheidung erhalten, ob sie in Deutschland Schutz bekommen. Strukturen zur Entlastung Ehrenamtlicher sollten ausgebaut werden. Weiterhin ist es wichtig, einen politischen Konsens für eine einheitliche Asylpolitik zu finden. Das im Oktober 2015 beschlossene Gesetzespaket, welches als Schritt in diese Richtung gelten könnte, wurde als unzureichend und Hürden schaffend kritisiert. Es liegt allerdings nicht an Deutschland allein, sondern die Mitgliedsstaaten der EU sollten sich einander gegenüber solidarisch zeigen. Eine Politik, die alle Mitgliedsstaaten in die Pflicht nimmt, Geflüchtete aufzunehmen und zu integrieren, entlastet die Länder an den EU-Außengrenzen und trägt zu einer Entschärfung der aktuellen Situation bei.

Ein Teil der deutschen Gesellschaft zeigt sich skeptisch und sieht eine steigende Terrorgefahr oder fürchtet um einen zunehmenden Kampf um Wohnraum, Kita-Plätze und die finanzielle Versorgung einheimischer Bedürftiger, wie Obdachloser oder Personen mit niedriger Rente. Diese Sorgen sollten ernst genommen und diskutiert werden, damit rechtsradikale Strömungen nicht weiter an Zulauf gewinnen und eine sachliche Diskussion möglich bleibt. Eine Grundhaltung der Ablehnung führt nur dazu, dass sich die Situation weiter verschärft, und zunehmende Gewalt gegenüber Flüchtlingen sollte nicht toleriert werden. Es hat sich gezeigt, dass Deutschlands Gesellschaft zu einem großen Teil offen und willkommen heißend mit den Flüchtlingen umgeht. Beispielhaft haben sich viele Personen privat organisiert und solidarisiert, damit sich die Geflüchteten auf- und angenommen fühlen können. Das Engagement reicht von der Arbeit in einem Flüchtlingsheim über die Unterstützung im beruflichen Bereich bis hin zu der Spende von Kleidern und Lebensmitteln oder der Unterbringung von Geflüchteten in eigenen Räumlichkeiten. Die Möglichkeiten, sich zu engagieren, sind vielfältig. Die grundsätzliche Bereitschaft ist da, dort zu helfen, wo Hilfe benötigt wird.

Die Integration der geflüchteten Personen, die nun in Deutschland leben, ist zugleich Herausforderung und Chance. Hier geht es nicht allein um das Erlernen der deutschen Sprache. Vielmehr spielt eine kulturelle Integration eine große Rolle für ein langfristig gelingendes Miteinander. Eine Zusammenarbeit von Politik, Wirtschaft und Gesellschaft auf lokaler, regionaler und nationaler Ebene ist essenziell, damit Flüchtlinge und Einheimische friedlich und fruchtbar miteinander leben können. Bereits vorhandene Strukturen sollten ausgebaut und Sorgen und Ängste sollten ernst genommen werden, sodass sich alle Seiten aufgenommen und verstanden fühlen können. Auch sollte angesichts gegenwärtig anhaltender Flüchtlingsströme ein Blick auf das Gesamtbild von Ursache und Wirkung geworfen werden – was ist der Grund für die Flüchtlingswelle – woher kommen die Waffenlieferungen in die Krisengebiete und durch welche Umweltmaßnahmen ließe sich eine Verschlimmerung von Dürrekatastrophen vermeiden.

Literatur

Abel, A. (3. Januar 2016). Berliner Morgenpost und 104.6 RTL ehren Flüchtlingshelfer. *Berliner Morgenpost.* http://www.morgenpost.de/berlin/article206881437/Berliner-Morgenpost-und-104-6-RTL-ehren-Fluechtlingshelfer.html. Zugegriffen: 27. Jan. 2016.

Beitzer, H. (7. Januar 2016). Hunderte Menschen warten in der Kälte. *Süddeutsche Zeitung.* http://www.sueddeutsche.de/politik/lageso-berlin-kein-wintermaerchen-1.2808786. Zugegriffen: 27. Jan. 2016.

Bundesamt für Migration und Flüchtlinge. (2014). Ablauf des deutschen Asylverfahrens – Ein Überblick über die einzelnen Verfahrensschritte und rechtlichen Grundlagen. https://www.bamf.de/SharedDocs/Anlagen/DE/Publikationen/Broschueren/das-deutsche-asylverfahren.pdf;jsessionid=FF38187EAC126EA80485959AF43E235A.1_cid286?__blob=publicationFile. Zugegriffen: 27. Jan. 2016.

Bundesamt für Migration und Flüchtlinge. (2015a). Schlüsselzahlen Asyl 1. Halbjahr 2015. https://www.bamf.de/SharedDocs/Anlagen/DE/Publikationen/Flyer/flyer-schluesselzahlen-asyl-halbjahr-2015.pdf?__blob=publicationFile. Zugegriffen: 27. Jan. 2016.

Bundesamt für Migration und Flüchtlinge. (2015b). Das Bundesamt in Zahlen 2014. Asyl, Migration und Integration. https://www.bamf.de/SharedDocs/Anlagen/DE/Publikationen/Broschueren/bundesamt-in-zahlen-2014.pdf?__blob=publicationFile. Zugegriffen: 27. Jan. 2016.

Busson, H.-P., & Fischer, D. (2015). Flüchtlingszustrom: Herausforderungen für deutsche Kommunen. Ernst & Young GmbH Wirtschaftsprüfungsgesellschaft. http://www.ey.com/Publication/vwLUAssets/EY-Fluechtlingszustrom-Herausforderungen-Kommunen-2015/$FILE/EY-Fluechtlingszustrom-Herausforderungen-Kommunen-2015.pdf. Zugegriffen: 16. Aug. 2016.

Literatur

Dams, J. (28. August 2015). Jeder sechste Flüchtling ging auf die Uni. *Die Welt.* http://www.welt.de/wirtschaft/article145745112/Jeder-sechste-Fluechtling-ging-auf-die-Uni.html. Zugegriffen: 27. Jan. 2016.

Deutsche Welle. (2015). Überlebender: „Wir waren 950 Menschen an Bord". http://www.dw.com/de/%C3%BCberlebender-wir-waren-950-menschen-an-bord/a-18393016. Zugegriffen: 27. Jan. 2016(19. April 2015).

Die Bundesregierung. (2015). Effektive Verfahren, frühe Integration. http://www.bundesregierung.de/Content/DE/Artikel/2015/10/2015-10-15-asyl-fluechtlingspolitik.html. Zugegriffen: 27. Jan. 2016.

Die Glocke. (2016). Brand in Flüchtlingsheim in Sünninghausen. http://www.die-glocke.de/lokalnachrichten/kreiswarendorf/oelde/Brand-in-Fluechtlingsheim-in-Suenninghausen-ab051554-f1f9-4d1d-bbb4-30ddef13fd19-ds. Zugegriffen: 27. Jan. 2016.

Elias, F., & Wirtz, B. (28. April 2015). Gefährlicher Weg nach Europa. *Deutsche Welle.* http://www.dw.com/de/gef%C3%A4hrlicher-weg-nach-europa/a-18411842. Zugegriffen: 27. Jan. 2016.

FAZ. (9. Dezember 2015). Polizei identifiziert dritten Selbstmordattentäter. http://www.faz.net/aktuell/politik/kampf-gegen-den-terror/paris-polizei-identifiziert-dritten-bataclantaeter-13956307.html. Zugegriffen: 27. Jan. 2016.

Frontex. (2016). Eastern Mediterranean Route. http://frontex.europa.eu/trends-and-routes/eastern-mediterranean-route. Zugegriffen: 27. Jan. 2016.

Gerads, M. (29. September 2015). Der Widerspruch regiert. *WirtschaftsWoche.* http://www.wiwo.de/politik/deutschland/aenderung-im-asylrecht-der-widerspruch-regiert/12385004.html. Zugegriffen: 27. Jan. 2016.

Grieß, T. (29. Dezember 2015). Helfer beklagen Missstände bei der Versorgung von Flüchtlingen. *Deutschlandfunk.* http://www.deutschlandfunk.de/berliner-lageso-helfer-beklagen-misstaende-bei-der.694.de.html?dram:article_id=340996. Zugegriffen: 27. Jan. 2016.

Haneke, A., & Lohse, E. (19. Dezember 2015). Nach dem Chaos kommt die Warteschleife. *FAZ.* http://www.faz.net/aktuell/politik/fluechtlingskrise/ueber-die-lage-am-lageso-in-berlin-13973889-p3.html. Zugegriffen: 27. Jan. 2016.

Hengst, B. (1. September 2015). Hilfe für Flüchtlinge: München ist da. *Spiegel Online Politik.* http://www.spiegel.de/politik/deutschland/muenchen-buerger-helfen-fluechtlingen-am-hauptbahnhof-a-1050919.html. Zugegriffen: 27. Jan. 2016.

Karakayali, S., & Kleist, J. O. (2015). *EFA-Studie. Strukturen und Motive der ehrenamtlichen Flüchtlingsarbeit (EFA) in Deutschland. 1. Forschungsbericht. Ergebnisse einer explorativen Umfrage vom November/Dezember 2014.* Berlin: Berliner Institut für empirische Integrations- und Migrationsforschung (BIM), Humboldt-Universität zu Berlin. http://www.bim.hu-berlin.de/media/2015-05-16_EFA-Forschungsbericht_Endfassung.pdf. Zugegriffen: 27. Jan. 2016.

Kopietz, T. (24. Januar 2016). Brand in Baustelle von Flüchtlingsheim: Polizei geht von Brandstiftung aus. *HNA.* http://www.hna.de/lokales/goettingen/feuerwehr-verhindert-katastrophe-brand-fluechtlingsheim-6060589.html. Zugegriffen: 27. Jan. 2016.

Kunert, M., & Schlinkert, R. (2015a). *Eine Umfrage zur politischen Stimmung im Auftrag der ARD-Tagesthemen und der Tageszeitung DIE WELT. September 2015.* Berlin: Infratest dimap.

Kunert, M., & Schlinkert, R. (2015b). *Eine Umfrage zur politischen Stimmung im Auftrag der ARD-Tagesthemen und der Tageszeitung DIE WELT. November 2015.* Berlin: Infratest dimap.

Petermann, A. (4. Januar 2016). Kommunen fordern Entlastung. Deutschlandradio Kultur. http://www.deutschlandradiokultur.de/fluechtlinge-in-rheinland-pfalz-kommunen-fordern-entlastung.976.de.html?dram:article_id=341503. Zugegriffen: 27. Jan. 2016.

Sierpinski, D. (21. April 2015). Gefährliche Wege übers Mittelmeer. So kommen die Flüchtlinge nach Europa. *N-tv.* http://www.n-tv.de/politik/So-kommen-die-Fluechtlinge-nach-Europa-article14944686.html. Zugegriffen: 27. Jan. 2016.

Spiegel Online. (2015). Debatte über Parteiprogramm: Widerstand in der CDU gegen Merkels Einwanderungsgesetz. http://www.spiegel.de/politik/deutschland/angela-merkel-cdu-basis-rebelliert-gegen-einwanderungsgesetz-a-1057038.html. Zugegriffen: 27. Jan. 2016.

Spiegel Online. (16. November 2015). Terror in Paris: Wer die Täter sind – und womit der IS jetzt droht. http://www.spiegel.de/politik/ausland/paris-wer-sind-die-taeter-wie-betrauert-europa-den-terror-a-1063097.html. Zugegriffen: 27. Jan. 2016.

Spiegel Online. (21. Januar 2016). Rechte Parolen: Brand in Flüchtlingsheim in Nordrhein-Westfalen. http://www.spiegel.de/politik/deutschland/brand-in-fluechtlingsheim-hakenkreuze-an-heim-in-marl-a-1073115.html. Zugegriffen: 27. Jan. 2016.

Tagesschau. (25. August 2015). Dublin-Verfahren für Syrer ausgesetzt. https://www.tagesschau.de/inland/syrer-dublin-verfahren-ausgesetzt-101.html. Zugegriffen: 27. Jan. 2016.

Tagesschau. (27. Oktober 2015). EU erwägt Geld als Druckmittel. http://www.tagesschau.de/ausland/fluechtlinge-eu-121.html. Zugegriffen: 27. Jan. 2016.

Traynor, I. (24. September 2015). EU refugee summit in disarray as Tusk warns „greatest tide yet to come". The Guardian. http://www.theguardian.com/world/2015/sep/24/eu-refugee-summit-in-disarray-as-donald-tusk-warns-greatest-tide-yet-to-come. Zugegriffen: 27. Jan. 2016.

Vorländer, H., Herold, M., & Schäller, S. (2015). Wer geht zu PEGIDA und warum? Eine empirische Untersuchung von PEGIDA-Demonstranten in Dresden. Schriften zur Verfassungs- und Demokratieforschung. Zentrum für Verfassungs- und Demokratieforschung. https://tu-dresden.de/gsw/phil/powi/poltheo/ressourcen/dateien/news/vorlaender_herold_schaeller_pegida_studie?lang=de. Zugegriffen: 16. Aug. 2016.

Worbs, S., & Bund, E. (2015). Qualifikationsstruktur, Arbeitsmarktbeteiligung und Zukunftsorientierungen. BAMF-Kurzanalyse. http://www.bamf.de/SharedDocs/Anlagen/DE/Publikationen/Kurzanalysen/kurzanalyse1_qualifikationsstruktur_asylberechtigte.pdf?__blob=publicationFile. Zugegriffen: 27. Jan. 2016.

Zeit Online. (10. November 2015). Deutschland wendet Dublin-Verfahren wieder an. http://www.zeit.de/politik/deutschland/2015-11/fluechtlingskrise-deutschland-dublin-verfahren-syrer. Zugegriffen: 27. Jan. 2016.

Zeit Online. (24. September 2015). EU-Staaten beschließen Verteilung von 120.000 Flüchtlingen. http://www.zeit.de/politik/ausland/2015-09/fluechtlingskrise-fluechtlinge-europa-minister-bruessel. Zugegriffen: 27. Jan. 2016.

Zeit Online. (3. Januar 2016). Seehofer will Asyl auf 200.000 Flüchtlinge pro Jahr begrenzen. http://www.zeit.de/politik/deutschland/2016-01/asylpolitik-fluechtlinge-obergrenze-horst-seehofer. Zugegriffen: 27. Jan. 2016.

The manufacturer's authorised representative in the EU is Springer Nature Customer Service Centre GmbH, Europaplatz 3, 69115 Heidelberg, Germany. If you have any concerns regarding our products, please contact ProductSafety@springernature.com

Printed and bound by CPI Group (UK) Ltd, Croydon, CR0 4YY

23/03/2026

02076457-0010